SINHALESE-ENGLISH
GRAMMAR AND EXCERCISE BOOK

SINHALESE-ENGLISH
GRAMMAR AND EXCERCISE BOOK

PUBLIC INSTRUCTION DEPARTMENT
COLOMBO

GYAN

Published by

GYAN

Gyan Publishing House
5, Ansari Road
Daryaganj, New Delhi-110002
Phone: 011-47034999, 9811692060
E-mail: books@gyanbooks.com

Distribution Network
gyanbooks.com
India, USA, Canada, UK, Australia, France

ISBN : 978-81-212-3051-3 (PB)
First Published, Colombo

2nd Impression 2020

Printed at: Gyan Press, Delhi.

The book at your disposal is the edition of an old book originally published long back. The Text quality of this book may not be at par as compared to our other books but many readers approached us to reprint this important book so that it could satiate their hunger. We request all the readers of this book to help us to improve its quality by providing the necessary text of those pages which are not properly visible. Your valuable support in this case will be highly appreciated and acknowledged and our future readers will be benefitted immensely.

Directions for the guidance of Teachers.

This book aims at teaching Siṇhalese children in Anglo-Vernacular schools, who already know how to read and write easy English words.

As the vowels in the English Alphabet have various sounds, and the correct pronunciation of words is not easily acquired without the assistance of a teacher, I have thought it unnecessary to include any lessons on Pronunciation.

The lower classes should have explained to them in Siṇhalese, by the teacher, the Rules and Examples which the higher classes should commit to memory.

The exercises should be done *virâ voce* in the lower classes, while in the higher standards, they should be done in writing as well as *virâ voce.*

The advanced pupils should know the various forms of the present, past, and future tenses of verbs, with their exact equivalents in Siṇhalese, and be able to parse easy sentences both in English and Siṇhalese.

The exercises may be used for transcription and for dictation.

While correcting the translations, the teacher should point out the difference between the construction of Siṇhalese and English sentences.

S. De S.

සංඥපනය.

මෙම පොත ආණ්ඩුවේ ද්විභාෂාපාඨශාලාවල ඉගෙණීම ලබන සිංහල බාලයන් විසින් ඉඞ්ග්‍රීසි වචන කියවීම මදක්දුරට අවබොධකළ පසු භාවිතා කිරීමසඳහා සම්පාදනයකරණලද්දකි.

ඉඞ්ග්‍රීසි ප්‍රාණාක්ෂරයන්ගේ උච්චාරණය සැමතන්හිම එකාකාර නොවනබැවින්ද ගුරුවරයෙකුගේ ආධාරනැතිව එය අවබොධ කරගැණීම උගහට බැවින්ද ශබ්දොච්චාරණය ගැණ යම්කිසි පාඩමක් මෙහි අන්තර්ගත නොකෙළෙම්.

මෙහි දැක්වූ සූත්‍රහා නිදර්ශනයන් ගුරුවරයා විසින් පහළ ප්‍රමාණවල ශිෂ්‍යයන්ට සිංහලෙන් තේරුම්කරදීමද ඉහළ ප්‍රමාණවල ශිෂ්‍යයන්ලවා කටපාඩම් කරවීමද යොග්‍යවේ.

සිංහල ඉඞ්ග්‍රීසිඋදාහරණ එකිනෙක භාෂාවට නැගීම පහළ ප්‍රමාණවල ප්‍රශ්නොත්තර වශයෙන්ද ඉහළ ප්‍රමාණවල එසේ ප්‍රශ්නොත්තර වශයෙන්හා කඩදාසිවල හෝ ගල්ලෑල්ලෙහි ලිවීමෙන්ද පුරුදුකළ යුතුයි.

වර්තමාන අතීත අනාගත යන එක එක ක්‍රියාවට නියම රූප විශෙෂයන් හා ඒ එකිනෙකට යොග්‍යවූ සිංහල නාමයන්ද ඉහළ පඞ්ක්තිවල ශිෂ්‍යයන් විසින් අවබොධකළයුතුයි. ඉඞ්ග්‍රීසි සිංහල වාක්‍යගම්වල පදවිභාගයද දැනගතයුතුවේ.

මෙහි දැක්වූ උදාහරණ ගල්ලෑල්ලේ පිටපත්කිරීමද ගුරුවරයාවිසින් කියවනවිට ලිවීමද ශිෂ්‍යයන් ලවා කරවිය යුතුයි.

සිංහලට හෝ ඉඞ්ග්‍රීසියට නගනලද පාඩම්වල හරිවරද බලනකල්හිම ඒ ඒ තන්හි දක්නාලද සිංහල ඉඞ්ග්‍රීසි වාක්‍යගම්වල පදයෝජනාවේ ප්‍රභෙද ගුරුවරයා විසින් ගෝලයන්ට පෙන්වා දියයුතුයි.

S. De S.

PUBLIC INSTRUCTION DEPARTMENT.

SINHALESE-ENGLISH GRAMMAR AND EXERCISE BOOK.

FIRST LESSON. පළමුවෙනි පාඩම.

On the Plural of Nouns Substantive.

සාමාන්‍යයෙන් එක වචනවූ නාමය අගට s යන අකුර එකතු කිරීමෙන් බහුවචනය සෑදේ. ඒ මෙසේයි :– Dog බල්ලා, dogs බල්ලෝ, a letter ලියමනක්, letters ලියුම්.

Words.

The horse, අශ්වයා.
A bird, පක්ෂියෙක්.
The girl, ගෑණුලමයා.
A boy, පිරිමි ලමයෙක්.

Bark, බුරණවා.
Play, සෙල්ලම්කරණවා.
Run, දුවනවා.
Sing, ගීතිකාකරණවා.

I sell, මම විකුණමි.
Thou sellest, තෝ විකුණෙහි.
He sells, හෙතෙම විකුණයි.
She sells, ඈ විකුණයි.
Do I sell? මම විකුණම්ද?
Dost thou sell? තෝ විකුණෙහිද
Does he sell? හෙතෙම්විකුණයිද
Does she sell? ඈ විකුණයිද?

We sell, අපි විකුණමු.
You sell, තොපි විකුණහු.
They sell, ඔවුහු විකුණත්.
They sell, ඈලා විකුණත්.
Do we sell? අපි විකුණමුද?
Do you sell? තොපි විකුණහුද?
Do they sell? ඔවුහු විකුණත්ද?
Do they sell? ඈලා විකුණත්ද?

Thou යන වචනය අද්‍රකටයි, තෝ, තොපි; උඹ, උඹලා; තමුන්නාන්සේ, තමුන්නාන්සේලා යන මේආදී සියලූ අර්ථයන් හිම you යන ශබ්දයම ව්‍යවහාර කරණුලබත්. ඌ, උන්නැහැ, උන්වහන්සේ, යන මේ අර්ථයන්හි he යන ශබ්දයද, ඒවායේ බහු වචනයන්හි they යන ශබ්දයද ව්‍යවහාර කරත්.

ස්වභාවක්හෝ ව්‍යවහාරයක් තිවමනාකල්හී present tense නම් වර්තමාන ක්‍රියාව යොදත්—ඒ මෙසේයි, birds fly, පක්ෂිහු පියාසර කරත්.

Exercise 1.

The girl sings. The boy runs. The dog barks. The boys sing. The horses run. The girls play. Birds fly. We sing. The dogs bark. A horse runs. A girl sings. Does she run? Do the dogs bark?

බල්ලා බුරයි. ගෑණුලමෝ සෙල්ලම්කරත්. අපි දුවමු. පක්ෂියෝ පියාඹත්. අශ්වයෙක් දුවයි. බල්ලෝ බුරත්. ඔවුහු ගීතිකා කරත්. ගෑණුලමෝ ගීතිකාකරත්. මම සෙල්ලම් කරමි. ඈ දුවයි. උඹ සෙල්ලම් කෙරෙහි. ඌ සෙල්ලම් කරයි.

LESSON 2—දෙවෙනි පාඩම.

Plural continued.

x, ch, sh, s, o යන මේ අක්ෂරයන්ගෙන් කෙළවරවන්නාවූ එක වචනයක් බහුවචනයෙහි යොදන්ට වුවමනාකල්හි එහි අගට es එකතුකරණුලැබේ.

උදාහරණ,—Box, පෙට්ටිය.	Boxes, පෙට්ටි.
Branch, අත්ත.	Branches, අතු.
Brush, බුන්දලේ.	Brushes, බුන්දල්.
Ass, කොටළුවා.	Asses, කොටළුවෝ.
Hero, යෝධයා.	Heroes, යෝධයෝ.

පටන්ගත් ක්‍රියාවේ නිමාවක් නුවූකල්හි present imperfect නම් ක්‍රියාව ව්‍යවහාර කරත්—ඒ මෙසේයි The boys are playing, ඒ ළමෝ සෙල්ලම් කරත්. එනම්, සෙල්ලම් කරමින් සිටිත්.

Words.

Glass, වීදුරුව.	Make, සාදනවා.
Fox, නරියා.	Break, කඩනවා.
Watch, ඔරලෝසුව	Buy, මිළේටගන්නවා.
Church, පල්ලිය.	Build, ගොඩනගණවා.
Fish, මත්ස්‍යයා.	Swim, පීණනවා.

I am selling, මම විකුණමි.	We are selling, අපි විකුණමු.
Thou art selling, තෝ විකුණෙහි.	You are selling තොපි විකුණහු
He is selling, හෙතෙම විකුණයි.	They are selling, ඔවුහු විකුණත්
Am I selling? මම විකුණම්ද?	Are we selling? අපි විකුණමුද?
Art thou selling? තෝ විකුණෙහිද?	Are you selling? තොපි විකුණහුද?
Is he selling? හෙතෙම විකුණයිද?	Are they selling? ඔවුහු විකුණත්ද?

Exercise 2.

Is he breaking the glasses? The foxes are running. We sell the ass. They are selling the watches. I am making a watch. We buy brushes. Are they building the churches? The boys are buying the glasses. They are cutting the branches. Fishes are swimming. Fishes swim. Are you cutting the branches?

මම ලියුමක් ලියමි. ළමෝ වීදුරු කඩකඩා ඉඳිත්. උන්නැහෙලා සෙල්ලම් කරකර ඉඳිත්. මම බුන්දලයක් මිළේටගණිමි. බල්ලෝ බුරබුරා ඉඳිත්. ඌ පෙට්ටියක් සාදයි. ඌලා මත්ස්‍යයන් විකුණමින් ඉඳිත්. උන්නැහේ ලියමනක් ලියලියා ඉඳී. මම ඔරලෝසුවක් මිළේට ගණිමි. ළමයි සෙල්ලම් කරකර ඉඳිත්ද?

LESSON 3—තුන්වෙනි පාඩම.

Plural continued

f, fe, යන අක්ෂරයන්ගෙන් කෙළවරවූ ඒකවචනයන්ගේ f, fe යන අකුරු v අකුරට මාරුකර අගට es, එකතුකළවිට එවායේ බහුවචන සෑදෙත්—ඒ මෙසේයි,
Thief සොරා, thieves සොරු, wife භාර්යාව, wives භාර්යාවෝ.

Words.

Loaf, පාන්ගෙඩිය.
Knife, පිහිය.
Calf, වස්සා.
Leaf, පත්‍රය.
Life, ප්‍රාණය.
Sheaf, ගොයම් මිට්ය.
One, එක.
Two, දෙක.
Three, තුන.
My, මගේ.
Not, නැහැ.
Bring, ගෙනෙනවා.

I do not sell, මම නොවිකුණමි.
Thou dost not sell, තෝ නොවිකුණෙහි.
He does not sell, හෙතෙම නොවිකුණයි.
We do not sell, අපි නොවිකුණමු.
You do not sell, තොපි නොවිකුණහු.
They do not sell, ඔවුහු නොවිකුණත්.

I am not selling, මම නොවිකුණමි.
Thou art not selling, තෝ නොවිකුණෙහි.
He is not selling, හෙතෙම නොවිකුණයි.
We are not selling, අපි නොවිකුණමු.
You are not selling, තොපි නොවිකුණහු.
They are not selling, ඔවුහු නොවිකුණත්.

Exercise 3.

He is not breaking the glasses. Are the thieves running? They are running. Do you sell the two loaves? I do not sell the loaves. The boys are breaking the knives. The wife is cutting the leaves. My dog does not swim. The leaves fall. Are they bringing the calves?

මම පිහිය දෙකක් මිළෙට ගණිමි. ඌ අත කපකපා ඉඳිද? මගේ අශ්වයෝ දුවත්. මම වස්සන් නොවිකුණමි. ඔවුහු පිහියා සාදත්. ඔවුහු පිහියා සාදන්නේ නැහැ. ළමයි ගොයම් මිටි දෙකක් ගෙනෙනත්. උඹ වීදුරු විකුණෙහිද? මම වීදුරු විකුණ විකුණ නොඉඳිමි.

LESSON 4—සතරවෙනි පාඩම.

PLURAL CONTINUED.

ව්‍යඤ්ජනාක්ෂරයකින් පරවූ y කෙළවරකොටඇති වචනයන්ගේ බහුවචන නිවමනා කල්හි y අකුර i අකුරට මාරුකර එහි අගට es එකතුකරත්– ඒ මෙසේයි,

Sing.	*Plu.*
Copy, කොපිය.	Copies, කොපි.
Lady, ලමාතැනී.	Ladies, ලමාතැන්.
History, කථාන්තරය.	Histories, කථාන්තර.
Country, රට.	Countries, රටවල්.

Write, ලියනවා.	Live, පදිංචිව සිටිනවා.
Read, කියවනවා.	Tear, ඉරනවා.
See, දකිනවා.	Beat, ගහනවා.
Cut, කපනවා.	His, ඔහුගේ.

Exercise 4.

The ladies are singing. The boys are writing the copies. I am reading the histories. We see the country. Are they writing the letters? The lady beats the boy. I see the ladies. He is not beating the girl. The boy is tearing the copies. I do not tear the letter. They do not write the copies. We are building a church.

මම මගේ කොපිය ලියමි. ලමාතැනියෝ ලියුම් ලියත්. ලමයා කොපිය ලියයි. ඔහු ලියමින ඉරයි. ලමාතැනියෝ දෙන්නා කන්තාරු කරත්. ඔහුගේ භාර්‍ය්‍යාව බුත්දල් විකුණයි. මම පොත් දෙක විකුණමි. ලමයා ඔහුගේ පිහියේ විකුණයි. ඈ මගේ වීදුරුව කඩනවා. මගේ කොපිය වැටේ.

LESSON 5—පස්වෙනි පාඩම.

PLURAL CONTINUED.

ඉහත දක්වනලැබූ සාමාන්‍ය විධිවත්කම්වලට වෙනස්වූ ආකාර මතුදක්වන බහුවචන සෑදිතිබෙත්.

Sing.	*Plu.*
Foot, අඩිය.	Feet, අඩි.
Tooth, දත.	Teeth, දත්.
Goose, පාත්තයා.	Geese, පාත්තී.
Mouse, මීයා.	Mice, මීයෝ.
Louse, උකුණා.	Lice, උකුණෝ.
Man, මිනිහා.	Men, මිනිස්සු.
Woman, ස්ත්‍රී.	Women, ස්ත්‍රීයෝ.
Child, ළමයා.	Children, ළමයි.
Ox, ගරකා.	Oxen, ගරක්.

Exercise 5.

Are you selling the geese? The women are selling the geese. We are buying a dog. Does he run? My horse runs. The children are playing. The men build the church. Do you write copies? I read a history. Is the boy writing the copy? He is reading a letter. Do they swim? They do not swim.

ළාලා මගේ පාත්තයන් විකුණත්. ළමෝ පොත් කියවත්ද? ඔව්හු මගේ කොපිය ඉරඉරා ඉඳිත්. ස්ත්‍රීයෝ හරක් මිළයට ගණිත්ද? මම ඔහුගේ අශ්වයා මිළයට ගණිමි. තුඹලා කථාන්තර කියවහුද? අපි පොත් විකුණමු. මිනිහෙක් මගේ පෙට්ටිය සාදයි. හොරෙක් හරක් දෙන්නෙක් විකුණත්. මම විදුරුව කඩමින් ඉඳිමි. මම පිහිය කඩන්නේ නැහැ.

LESSON 6—සවෙනි පාඩම.

Possessive case.

සම්බන්ධ විභක්ති.

යම් කෙනෙකුට කිසිවක් අයිතිබව කියමනාකල්හි එක වචනයේ අගට s යන අකුර එකතුකර ඊට මුලින් මේ (') සලකුණ කරනුලැබේ, ඒ මෙසේයි—Prince කුමාරයා Prince's කුමාරයාගේ.

බොහෝ දෙනෙකුට අයිතිබව හඟවන්ට වුවමනාකල්හි බහුවචනයෙහි අගට මේ (') සලකුණ පමණක් කරනුලැබේ—ඒ මෙසේයි,—Princes කුමාරයෝ, Princes' කුමාරයින්ගේ.

බහුවචනය s යන අකුරෙන් කෙළවර නොවනකල්හි මේ ලකුණ සහ s අකුර එකතුකරත්, ඒ මෙසේයි,—Men මිනිස්සු. Men's මිනිසුන්ගේ.

Words.

Father, පියා.	Tore, ඉරුවා.
Mother, මවු.	Made, සෑදුවා.
Brother, සහෝදරයා.	Bought, මිළේටගත්තා.
Uncle, මාමා.	Wrote, ලියුවා.
Aunt, නැන්දා.	Saw, දුටුවා.
Son, පුත්‍රයා.	Beat, ගැහුවා, තැලුවා.
Lived, පදිංචිව සිටියා.	

I sold, මම වික්කෙමි.	We sold, අපි වික්කෙමු.
Thou soldest, තෝ වික්කෙහි.	You sold, තෙපි වික්කාහු.
He sold, හෙතෙම වික්කේ.	They sold, ඔවුහු වික්කෝය.
Did I sell? මම වික්කෙම්ද?	Did we sell? අපි වික්කෙමුද?
Didst thou sell? තෝ වික්කෙහිද?	Did you sell? තෙපි වික්කාහුද
Did he sell? හෙතෙමවික්කේද?	Did they sell? ඔවුහු වික්කෝද?

Exercise 6.

I wrote a letter. Did you beat the boy? No, I beat the girl. I sold my sister's books. He tore the children's copies. Did they beat my brother's dog? They beat the uncle's son. I saw my uncle's children. He sold my father's geese. They brought my aunt's oxen. Did they buy my brother's knives? No, they sold the children's books.

මම මගේ පියාගේ පිඟිගෙ විස්කෙමි. ළමයා මගේ කොපිය ඉරුවේය. මගේ මාමාගේ පුතා බල්ලාට ගැහුවේය. තුඹ ළමයින්ගේ කොපි ඉරුවෙහිය. මම ළමයින්ගේ පොත් නො ඉරුවෙමි. ඈ පාන්ගෙඩි දෙකක් මිලේට ගත්තාය. ඔව්හු නෑන්දාගේ හරකා මිලේට ගත්තෙ ද? අපි මාමාගේ හරකා වික්කෙමු. තුඹලා මගේ සහෝදරයාගේ බල්ලාට ගැහුවාහුද? නැහැ, ඌ බල්ලාට ගැහුවේය.

LESSON 7—සත්වෙනි පාඩම.

POSSESSIVE CONTINUED.

නාම පදයට පෙරටුව of යන නිපාතය යෙදීමෙන්ද අයිතිකම ප්‍රකාශවේ නුමුත් වැඩිකොට of යොදනු ලබන්නේ අප්‍රාණී ද්‍රව්‍ය වාචී නාම පදයන්ට පෙරටුවයි—ඒ මෙසේයි, Of the tree, ගසේ. Of the table මේසවල. අයිති ද්‍රව්‍යය අයිතිකාරයාට වඩා ප්‍රධාන කොට පෙන්වන්ට වුවමනාකල්හි ප්‍රාණීන් කියන ශබ්ද පෙරටුවද of ව්‍යවහාර කරත්. The clothes of the children ළමයින්ගේ ඇඳුම් යනාකාරයි.

WORDS.

Master, ගුරුවරයා.	Read, කියෙව්වා.
Chair, පුටුව.	Cut, කැපුවා.
House, ගෙය.	Broke, කැඩුවා.
Carpenter, වඩුවා.	Played. සෙල්ලම්කළා.
Daughter, දුව.	Ran, දිව්වා.
Servant, වැඩකාරයා.	Flew, පියාසරකළා
Cocoanut tree, පොල්ගහ.	Sang, ගීතිකාකළා.
Mango tree, අඹගහ.	Swam, පීනුවා.
Window, ජනේලය.	Brought, ගෙනාවා.
Roof, වහල	Built, ගොඩනැඟුවා.

I was selling, මම විකුණමින් උනිමි.	We were selling, අපි විකුණමින් උනිමු.
Thou wast selling, තෝ විකුණමින් උන්නෙහි.	You were selling, තෙපි විකුණමින් උන්නාහු.
He was selling, හෙතෙම විකුණමින් උනි.	They were selling, ඔව්හු විකුණමින් උන්හු.

Was I selling? විකුණමින් උනිම්ද?

Were we selling, විකුණමින් උනිමුද?

Wast thou selling? විකුණමින් උන්නෙහිද?

Were you selling? විකුණමින් උන්නාහුද?

Was he selling? විකුණමින් උනිද?

Were they selling? විකුණමින් උන්නුද?

Exercise 7.

I was reading the history of Ceylon. The boy was breaking the brushes of the servant. The servant cut the branches of the mango tree. They were making the windows of the church. The dogs were swimming. The girls were singing. Was the woman beating the child? She was tearing the copy of the child. Are you tearing the pages of the book? No, I am cutting the leaves. Did the carpenter make the master's chairs? He was building the roof of the house.

වැඩකාරයා ගුරුවරයාගේ පුටුව කැඩුවේය. ලමයි අඹගහේ අතු කඩකඩා උන්නු. වැඩකාරයාගේ පුත්තු සෙල්ලම් කරකර උන්නුද? ඌලා ගීතිකා කරකර උන්නු. තුඹ අඹගහේ කොල කැඩුවෙහිද? නැහැ, මම ලංසිත්ගේ ඇඳුම් ගෙණවෙමි. ඌ වස්සන්ගේ අඩි කැපුවේය. ඈ මගේ සහෝදරයින්ගේ පිහියා කඩකඩා උන්නා. මගේ මව් වැඩකාරයාගේ මේසය මිළෙට ගත්තාය. ඔව්හු (උන්) මගේ වැඩකාරයාගේ ගෙයි ජනේලය කැඩුවෝය.

LESSON 8—අටවෙනි පාඩම.

Possessive case continued.

අයිතිවූ දෙය එම වර්ගයේ කිපයකින් එකක්බව හගවන්ට වූව මනා කල්හි of යන නිපාතයත් මේ (') සලකුණත් දෙකම ව්‍යවහාරකරත්. ඒ මෙසේයි, A horse of my uncle's, මගේ මාමාගේ අශ්වයෙක්. (මාමාගේ අශ්වයින්ගෙන් එකෙක් යන අර්ථයි.)

Words.

Tail, වල්ගය.
Friend, මිත්‍රයා.
Relation, නෑයා.
Enemy, සතුරා.
Kite, සරුංගොල්ලේ.
Picture, ජින්තුරය
Gun, තුවක්කුව
Bench, බන්කුව.
Key, යතුර.
Ring. මුද්ද.
Mat, පැදුර:
Goat, එළුවා.
Pig, ඌරා.
Hen, කිකිලි.
Pen, පෑන
William, විලියම්.

I did not sell, නොවික්කෙමි.
Thou didst not sell නොවික්කෙහි
He did not sell. නොවික්කේ.
We did not sell නොවික්කෙමු.
You did not sell නොවික්කාහු
They did not sell නොවික්කෝය

I was not selling විකුණමින් හුන්නෙමි.
Thou wast not selling විකුණමින් හුන්නෙහි.
He was not selling විකුණමින් හුන්නේ.
We were not selling විකුණමින් හුන්නෙමු.
You were not selling විකුණමින් හුන්නාහු.
They were not selling විකුණමින් හුන්නෝය.

Exercise 8.

The servant broke a picture of my father's. A friend of my brother's bought the horse. A servant of the master's was reading the letter. A servant of the master's did not read the letter. He was buying a goat of my uncle's. I bought a gun of his father's. He was not breaking a kite of the boy's. A relation of the master's wrote the book. I was not reading a letter of the master's.

මගේ වැඩකාරයාගේ නෑයෙක් තිකිලිව මිළේට ගත්තේය. මම මගේ පියාගේ ඌරෙක් වික්කෙමි. ළමයා කොප්පය ඉරුවේ නැහැ. ඔව්හු මගේ මාමාගේ බල්ලෙකුගේ වල්ගය කපමින් උන්හු. මම පොත කියව කියවා හුන්නෙමි. විලියම් ඔහුගේ සහෝදරීගේ මුද්දක් මිළේට ගත්තේය. මගේ සහෝදරයාගේ මිත්‍රයෙක් ඔරලෝසුව හැදුවේය. වැඩකාරයා ගහේ අතු කප කපා උන්නේ නැහැ. ළමයි සරුන්ගෙ'ලයක් සාදමින් උන්නෝය. ගුරුවරයාගේ සහෝදරයෙක් වැඩකාරයින්ට ගැහුවේය.

LESSON 9—නවවෙනි පාඩම.

ප්‍රමාණයක් දක්වන කල්හි ප්‍රමේය ද්‍රව්‍ය නොහොත් ප්‍රමාණ කටයුතු දෙයට පෙරදුව of යන නිපාතය ව්‍යවහාරකළ යුතුයි—ඒමෙසේයි, A bottle of water, වතුර බෝතලයක්. Two pounds of sugar, සීනි රාත්තල් දෙකක්.

WORDS.

Salt, ලුනු.
Rice, හාල්.
Pound, රාත්තල්.
Sugar, සීනි.
Paddy, වී.
Pair, කුට්ටම.
Shoes, සපත්තු.
Meat, මස්.
Couple, ජෝඩුව.
Grass, තණකොළ.
Bag, මල්ල.
Bushel, බුසල.
Oil, තෙල්.
Pot, කලය.
Milk, කිරි.
Coffee, කෝපි.
Soap, සබන්.
Tea, තේ.
Paper, කඩදසි.
Sheet, කඩදසි කොලය.
Piece, කෑල්ල.
Bundle, මිටිය.

Exercise 9.

I bought a bottle of milk. You sold the chair. We bought four bushels of coffee. The children were cutting the piece of soap. The servant bought the bottle of oil. The girl tore the sheet of paper. The servants brought three bushels of paddy. The children broke the piece of glass. I brought a pair of shoes. The carpenter was making a couple of chairs. A friend of my brother's bought the two bags of rice. A servant of my uncle's sold two bundles of grass.

මම කඩදාසිකොළය ඉරුවෙමි. වැඩකාරයා පාත්තයෝ කුට්ටම වික්කේය. ඔහු මස්රාත්තලක් මිළයට ගත්තේය. ළා තෙල්කලය ගෙණාවේය. මගේ පියා හාල්බුසලක් ගෙණාවේය. වැඩකාරයා තණකොල මිටි දෙකක් වික්කේය. අපි කිරිබෝතලයක් මිළයට ගත්තෙමු. සබත්කෑලි දෙක මම මිළයට ගත්තෙමි. මිනිහෙක් කෝපි බුසලක් ගෙණාවේය. ගෑණියෙක් හාල් බුසලක් වික්කාය.

LESSON 10—දහවෙනි පාඩම.

Prepositions used in the formation of cases.

විභක්තීන්ගේ අර්ථ ප්‍රකාශකරණ නිපාත.

Of, to, for, by, through, from, with, in, at, on.

Of the man	මිනිහාගේ.
Of the tree	ගහේ.
To, or for the man	මිනිහාට.
To, or for the tree	ගහට.
By the man	මිනිහා විසින්.
Through or by the man	මිනිහා කරණකොට, ලවා.
Through the country	රට මැදින්.
From the man	මිනිහාගෙන්.
With a knife	පිහියෙන්.
In, at, or on the bank	ඉවුරේ.

Words.

To-morrow, හෙට.	Come, එනවා.
Colombo, කොළඹ.	Came, ආවා.
Kandy, මහනුවර.	Give, දෙනවා.
Rupee, රුපියල.	Gave, දුන්නා.
Cent, ශතය.	Send, අරිණවා.
Home, ගෙදර.	Sent, ඇරියා.

I will sell, මම විකුණන්නෙම් (විකුණඤ්ඤ)

We will sell, අපි විකුණන්නෙමු (විකුණඤ්ඤමු)

Thou wilt sell, තෝ විකුණන්නෙහි

You will sell, තොපි විකුණන්නාහු.

He will sell, ඔහු විකුණන්නේ, (විකුණාවි)

They will sell, ඔවුහු විකුණන්නෝ.

Shall I sell? මම විකුණන්ටද? (විකුණන්නෙයි)

Shall we sell? අපි විකුණන්නමද?

Wilt thou sell? තෝ විකුණන්නෙහිද?

Will you sell? තොපි විකුණන්නාහුද?

Will he sell? ඔහු විකුණන්නේද?

Will they sell? ඔවුහු විකුණන්නෝද?

Exercise 10.

He cut the branches of the tree. My father bought a knife for my brother. He will send the letter by my servant. The boy cut the master's table with his knife. I shall bring a pen from home. I saw the master's servant in the garden. The lady will go to Kandy to-morrow. I saw my servant's father at Colombo. He wrote the letter on my slate. The girl will buy three pounds of meat from the servant.

මගේ වැඩකාරයා කොළඹින් සීනි රාත්තල් තුණක් ගෙණේවි. මම විලියම්ට පෑනක් දෙන්නෙමි. විලියම් මගේ සහෝදරයාගේ පොත ඔහුගේ පිහියෙන් කැපුවේය. නැන්දා වත්තේ ළිඳකින් වතුරකලයක් ගෙණේවි. මම පොත රුපියලකට විකුණන්නෙමි. ඌපිහියෙකින් මගේකඩදාසිය කැපුවේය. හොරෙක් වත්ත මැදින් දිව්වේය. අපි පාඨශාලාවට යන්නෙමු. මගේ පියා හෙට මහනුවරහිට එන්නේය. මම වැඩකාරයාලවා ලියුම අරින්නෙමි.

LESSON 11—එකොළොස්වෙනි පාඩම.

ADJECTIVE AND NOUN,

ගුණවචන සහ නාමපද.

A good boy, හොඳ ළමයෙක්.

The good boys, හොඳ ළමයි.

A large bed, ලොකු ඇඳක්.

Large beds, ලොකු ඇඳන්.

An old hat, පරණ තොප්පියක්.

Old hats, පරණ තොප්පි.

An old man, නාකි මිනිහෙක්.

Old men, නාකි මිනිස්සු.

A poor man, දුක්පත් මිනිහෙක්.

The poor men, දුක්පත්මිනිස්සු.

Words.

New, අලුත්.
Young, තරුණ.
Long, දික්.
Tall, උස්.
Sharp, මුවාතඇති.
High, උස්.
Rich, පොහොසත්.
Short, මිටි.
Small, පුංචි.
Little, පුංචි.
Kind, කරුණාවන්ත.
Strong, ශක්තිමත්.
Bad, නරක.
Happy, සැපවත්.
Pretty, ලක්ෂණ.
White, සුදු.

I shall be selling.	මම විකුණමින් සිටින්නෙමි.
Thou wilt be selling.	තෝ විකුණමින් සිටින්නෙහි.
He will be selling.	ඔහු විකුණමින් සිටින්නේ.
We shall be selling.	අපි විකුණමින් සිටින්නෙමු.
You will be selling.	තොපි විකුණමින් සිටින්නාහු.
They will be selling.	ඔවුහු විකුණමින් සිටින්නාහ.

Exercise 11.

I shall sell my new pair of shoes. The children will be playing in the garden. The old carpenter's son will make a chair for my brother. My father brought a pretty little bird from Colombo. The tall man broke my sister's small slate. A rich man bought my uncle's white horse. The servants will be cutting the tall cocoanut tree. The carpenter made a strong box for the servant. I shall write a short letter. William cut the table with his sharp knife.

මම හෙට හොඳ පිහියෙයක් ගෙණෙන්නෙමි. මම මහනුවරදී උස් කඳු දුටුවෙමි. ඔහු මට ලක්ෂණ පින්තූරයක් ගෙණෙන් නේය. මගේ පියා මට කොළඹින් අලුත් පොතක් එවන්නේය. දුක්පත් මිනිහෙක් මගෙන් පරණ තොප්පියක් මිළේට ගත්තේය. ඌ මගේ අලුත් පිහියෙන් ගහේඅත්ත කපමින් සිටියේය. ළමයි කොපි ලියලියා සිටින්නාහ. නරක ළමයි සෙල්ලම්කරමින් සිටින්නාහ.

LESSON 12—දොළොස්වෙනි පාඩම.

Personal Pronouns.

Nom. Sing.	I මම	Thou or you තෝ, නුඹ	He ඔහු	She ඈ	It ඒක
Obj. Sing.	Me මා	Thee or you තා, නුඹ	Him ඔහු	Her ඈ	It ඒක
Nom. Plu.	We අපි	You නුඹලා තොපි	They ඔවුහු	They ඔවුහු	They ඒවා
Obj. Plu.	Us අප	You නුඹලා	Them ඔවුන්	Them ඔවුන්	Them ඒවා

To me, මට.	Through you, තුඹලවා, තුඹලාලවා.
By us, අප විසින්.	For them, ඔවුන්ට
From him, ඔහුගෙන්.	With them, ඒවායින්.
In her, ඈ කෙරෙහි.	On it, ඒක උඩ, ඒකේ.

I am, මම වෙමි.	We are, අපි වෙමු.
Thou art, තෝ වෙහි, වෙයි.	You are, තොපි වෙව්.
He is, ඔහු වේ.	They are, ඔවුහු වෙත්.
Am I? වෙම්ද?	Are we? වෙමුද?
Art thou? වෙහිද?	Are you? වෙව්ද?
Is he? වේද?	Are they? වෙත්ද?

මෙම ක්‍රියාව වෙනවා, ඉන්නවා, සිටිනවා, තිබෙනවා යන මේ සියලු අර්ථයන්හිම ව්‍යවහාර කරත්.

උදාහරණ.—He is a good man, ඔහු හොඳ මිනිහෙක් වේ, or [හොඳ මිනිහෙක්ය.

He is in the room, ඔහු කාමරේ ඉඳී, සිටී.

The book is on the table, පොත මේසෙඋඩ තිබේ.

Exercise 12.

The children are in the garden. I do not see them in the garden. Did he give you the book? No, he gave it to his sister. Is she reading it? My brothers are reading it. I bought a pair of shoes from him. He lives with us, Did you buy the books at Colombo. I bought them at Kandy. The slates are in the room. I sent the letter through him. The servant bought this table from her. He gave us three bushels of paddy.

පිහියේ මේසේඋඩ තිබේද? ඒක කාමරෙහි තිබේ. ඔහු අපට කිරි බෝතලයක් එව්වේද? හරක් වත්තේ ඉඳිත්ද? හරක් පාරේ ඉඳිත්. දුක්පත් මිනිහෙක් මට පැදුරක් වික්කේය. ඔහු හොඳ මිනිහෙක් නොවේය. උඹ මට අඩගැසුවෙහිද? මම තුඹට අඩගැසුවෙමි. මගේ තොප්පිය මිදුලේ තිබේ. ගෑණුලමයි කාමරේ සිටිත්. මම ඔවුන් නුවරදී දුටුවෙමි. දිග බංකුව මිදුලේ තිබේ. වැඩකාරයා ඒක කැඩුවේය.

LESSON 13—දහතුන්වෙනි පාඩම.

POSSESSIVE PRONOUNS.

සම්බන්ධාර්ථයෙහි මශබ්ද ආදිය.

My, Mine	මගේ	Our, Ours	අපේ .. ...
Thy, Thine, Your, Yours	තාගේ, තුඹේ ...	Your, Yours	තොපගේ, තුඹලාගේ
		Their, Theirs	ඔවුන්ගේ ...

His	ඔහුගේ			
Her Hers	ඈගේ	Their Theirs	ඔවුන්ගේ	
Its	ඒකේ	Their Theirs	ඒවායේ	

My, thy, your, her, our, their යන මොවුන් නාම වචනයන්ට පෙරටුව විශෙෂණමෙන් ව්‍යවහාර කරණුලබත්. Mine, thine, yours, hers, ours, theirs යනමොවුන් ක්‍රියාවචනයන්ට සම්බන්ධව ක්‍රියා විශෙෂණමෙන් යොදත්. His, its යන දෙක නාම වචනයන්ට පෙරටුව හෝ එසේනොව හෝ ව්‍යවහාර කරත්, ඒ මෙසේයි—This is my book, මේ මගේ පොතය. This book is mine, මේ පොත මගේය. It is his book, ඒක ඔහුගේ පොතය. It is his, ඒක ඔහුගේය.

Words.

Eat, කණවා.
Ate, කෑවා.
Think, හිතනවා.
Thought, හිතුවා.
Drink, බොනවා.
Drank, බිවා.
Slate, ගල්ලෑල්ල
Field, කුඹුර.
Clothes, ඇඳුම්.
Soul, ප්‍රාණය.
Immortal, අමරණීය.
Room, කාමරය.
Hand, අත.

I was, වීමි, සිටියෙමි.
Thou wast, වුයෙහි, සිටියෙහි.
He was, වී, සිටියේ.
It was, තිබුණේ.
We were, වීමු, සිටියෙමු.
You were, වීහ, සිටියාහු.
They were, වූහ, සිටියෝ.
They were, තිබුනාහ.

Exercise 13.

Our field is large. A friend of mine gave it to me. My clothes were good. My soul is immortal. My sister's children were in Colombo. Your brother was not in the room. William sold his old hat for a rupee. I thought it was yours. The large house is not theirs. The pretty hens were not ours. The new slate was not his. They wrote their copies. The young goat was not yours. You were drinking his bottle of milk.

විලියම් පිහියෙකින් මගේ සහෝදරීගේ අත කැපුවේය. පිරිමි ලමයි වත්තේ සිටියෝය. ඒ මිනිසා ඈගේ සහෝදරයෙක් නොවේය. ඈගේ මාමා ඈට අලුත් තොප්පියක් දුනි. ගුරුවරයා ඔහුගේ වැඩකාරයාට ගැසුවේය. ලබ්බි සුදු තොප්පිය මේසෙ උඩ තිබුනී. ඈ ඈගේ පැන්සලේ මට දුන්නේ නැහැ. අපේ එලදෙන උගේ තණකොළ මිටියක් කෑවාය.

LESSON 14—දහ හතරවෙනි පාඩම.

OWN, SELF.

My own, මගේම
Thy own or your own තුඹේම.
His own { ඔහුගේම / තමුන්ගේම }
Her own, ඇගේම
Its own, ඒකේම

Our own, අපේම
Your own, තුඹලාගේම.
Their own { ඔවුන්ගේම / තමුන්ගේම }
Their own { ඔවුන්ගේම / තමුන්ගේම }
Their own, ඒවායේම.

WORDS.

Hand, අත.
Friend, මිත්‍රයා.
Enemy, සතුරා.
Land, ඉඩම.
Kitchen, කුස්සිය.
King, රජ.

Cultivate, ගොයිතැන් කරණවා.
Cultivated, ගොයිතැන් කළා.
Steal, සොරකම්කරණවා.
Stole, සොරකම් කළා.
Teach, උගන්වනවා.
Taught, ඉගැන්නුවා.

I shall be,	මම වන්නෙමි, සිටින්නෙමි.
Thou wilt be,	තෝ වන්නෙහි, සිටින්නෙහි.
He will be,	ඔහු වන්නේ, සිටින්නේ.
We shall be,	අපි වන්නෙමු, සිටින්නෙමු.
You will be,	තුඹලා වන්නාහු, සිටින්නාහු.
They will be,	ඔවුහු වන්නෝ, සිටින්නාහ.

Exercise 14.

The boy cut his own hand. My brother's children sold their own slates. He will be in his own room. My father's servant will be a poor man. His own friend tore his new copy. My own uncle gave me a loaf of bread. They cultivate their own lands. My brother's own servant cut the branches of the tree. My own brother will be my enemy. The boys will be in their own rooms. I teach my own children.

මගේ සහෝදරයා පොහොසත් මිනිහෙක් වන්නේය. ඔහු රජ වන්නේය (වේවි). ගුරුවරයාගේම වැඩකාරයා සපත්තු කුට්ටම සොරකම් කළේය. උන්ගේම වැඩකාරයෝ ගෙයි වහල සෑදුවෝය. වැඩකාරයා කුස්සියේ සිටින්නේය. ඔහුගේම පුතා තෙල් බෝතලය බින්දේය. මගේම මිත්‍රයෙක් හරකා විලේට ගත්තේය. මගේ මාමාගේම නෑයෙක් ලොකු අශ්වයා ගෙණවේය. මගේම ගෙයිදී ඌ මට ගැහුවේය.

LESSON 15—පහළොස්වෙනි පාඩම.

COMPOUND PERSONAL PRONOUNS.

Myself, මමම.
Yourself, තුඹම.
Himself, ඔහුම.
Herself ඈම.
Itself, ඒකම.

Ourselves, අපිම.
Yourselves, තුඹලාම.
Themselves, ඔවුන්ම.
Themselves, ඔවුන්ම.
Themselves, ඒවාම.

I myself will go, — මමම යන්නෙමි. [යෝය.
The soldiers themselves were afraid. — සොල්දාදුවෝමත් භයව සිටි
Cato killed himself, — කේටෝ තමන්ම මරාගත්තෝ
He wrote the letter himself, — ලියමන ඔහුම ලිවේය. [ය.

WORDS.

In vain, නිරර්ථකයේ.
Bundle, පොදිය.
Clothes, ඇඳුම්.
Blind, අන්ධ.
Fence, වැට.
Cow, එළදෙන.
Vegetable, එළවළු.
Straw, පිදුරු.
Village, ගම.

Hurt, රිදවනවා.
Hurt, රිදෙව්වා.
Go, යනවා.
Went, ගියා.
Kill, මරණවා.
Killed, මැරුවා.
Put, දමනවා, තබනවා.
Put, දැම්මා, තැබුවා.

Exercise 15.

I wrote the letter myself. He hurt himself in vain. I will go myself to Colombo. He saw the thief in the house itself. My brother bought the horse for himself. I gave the bundle of clothes to your servant himself. My uncle's servants killed themselves. They themselves beat the poor blind man. Their own cows broke the fence of the vegetable garden.

මමම කොපිය ලියූවෙමි. හොරාම විදුරුව කැඩුවේය. ගුරුවරයාගේ පුතෙක් තමාටම රිදවාගත්තේය. වඩුවාගේම පුතා මේසය සෙනෝලයට ගෙණවේය. අපි අදම ගමට යන්නෙමු. අපේම හරක් වැට බින්දේය. වැඩකාරයාම පිදුරු මිටිය ගෙදර ගෙණවේය. උඹේ කථාන්තරපොත මමම මේසේඋඩ තැබුවෙමි.

LESSON 16—දහසයවෙනි පාඩම.

DEMONSTRATIVE PRONOUNS.

This, මේ, මේක.
That, ඒ, අර, ඔය, ඒක, අරක, ඔක.

These, මේ, මේවා.
Those, ඒ, අර, ඔය, ඒවා, අරවා, ඕවා.

Words.

I have a book, මාලඟ පොතක් තිබේ.
Thou hast a pig / You have a pig } තුඹලඟ ඌරෙක් සිටී.
He has a son, ඔහුට පුතෙක් ඇත්තේය.
We have a pig, අපලඟ ඌරෙක් සිටී.
You have a son, තුඹලාට පුතෙක් ඇත්තේය.
They have a book, ඔවුන්ලඟ පොතක් තිබේ.

Translation, නැගීම, පෙරළීම
Shop-keeper, සාප්පුකාරයා.
Straw, පිදුරු.
Silver, රිදී.
Watch, ඔරලෝසුව.
Ring, මුද්ද.
Socks, මේස්.
Spoons, හැඳි.
Time-table, කාල සටහන.
Map, සිතියම.
Trunk, හොඬවැල.
Almirah, අල්මාරිය.

Exercise 16.

Your brother has a bad friend. These children have no books. I have a translation of this lesson. That boy's father is a shop-keeper in Kandy. Those women did not buy our straw. This man has a silver watch and a gold ring. You have nothing. I have a son and a daughter. He bought these beautiful boxes from my servant. That man has a pair of socks. These men sold him a house and a garden. Did you buy those silver spoons from them?

මේ මිනිහාගේ පුතාලඟ හොඳ ගොණෙක් සිටී (සිටින්නේය). මම මේ ඔරලෝසුව වඩුවාගෙන් මිලේට ගත්තෙමි. මේ පාඨශාලාවෙහි කාල සටහනක් ඇත්තේ නැත. මේ පාඨශාලාවේ සිතියම් පරණයි. අරඑලදෙන මගේ නොවේ. ඇතාට හොඬවැලක් තිබේ. මේ මිනිහාගේ හරකෙක් අපේ වැටකැඩුවේය. ඒ දුක්පත් ස්ත්‍රීට දරුවෝ දෙන්නෙක් ඇත්තේය. මේ හොඳ අල්මාරිය ඔහුම සෑදුවේය.

LESSON 17—දහහත්වෙනි පාඩම.

Interrogative Pronouns.

Who? කව්ද?
Whose? කාගේද?
Whom? කාටද?, කවුද?
Which? කොයිඑකද?
Which boy? කොයි ලමයාද?
What? මොකද? මොනවාද?
What book? මොන පොතද?

Words.

I had a book,	මාලඟ පොතක් තිබුණේය.
You had a servant,	තුඹ්ලඟ වැඩකාරයෙක්සිටියේය.
He had a friend,	ඔහුට මිත්‍රයෙක් සිටියේය.
She had a friend,	ඈට මිත්‍රයෙක් සිටියේය.
We had a servant,	අපලඟ වැඩකාරයෙක් සිටියේය.
You had a friend,	තුඹලාට මිත්‍රයෙක් සිටියේය.
They had a table,	ඔවුන්ට මේසයක් තිබුණේය.
Had I a friend?	මට මිත්‍රයෙක් සිටියේද?
Had you a book?	උඹලඟ පොතක් තිබුණේද?
Had he a servant?	ඔහුලඟවැඩකාරයෙක්සිටියේද?

Grammar, ව්‍යාකරණ.
Month, මාසය.
Day, දවස.
Morning, උදය.
Night, රාත්‍රිය.
Age, වයස.
Evening සවස.
To-day, අද.
To-morrow, හෙට.
The day after to-morrow, අනිද්දා.
Afternoon, පස්වරු.

Arrive, ලඟාවෙනවා.
Arrived, ලඟාවුනා.
Nothing, කිසිත්නැහැ.
Blind, අන්ධ.
Money, කාසි.
Want, ඕනැකරණවා.
Wanted, ඕනැකළා.
Week, සතිය.
The day before yesterday පෙරෙසිදා.
Forenoon, පෙරවරු.

Exercise 17.

What had you? I had six pounds of sugar and a bottle of milk. Which of these boys had the book? Had you leave? I had leave for three weeks. Who will go to Kandy this morning? What is the age of your child? What day of the month is to-day? Whose gun had you? I had my own gun. Who was here this morning? My uncle's servant was here last night.

මේ මිනිහාගේ එළුවා කාලඟ හිටියේද? උඹේ හාල්මල්ල සොරකම්කළේ කාගේ වැඩකාරයාද? මගේම වැඩකාරයා ඒක සොරකම් කළේය. ඔබ්න්ලඟ තිබුණේ මොන පොතද? ඔබ්න් ලඟ මොනවත් තිබ්බුනේ නෑ. උඹට ඕනැකරන්නේ මොකද? මේ දුක්පත් අන්ධ මිනිහගේ කාසි සොරකම් කළේ කව්ද? ඒ මිනිහාලඟ රුපියල් දෙකකුත් ශරා පහළොහක් තිබුණේය. අන්ධ මිනිහාට දරුවෝ නැත්ද? ඔහුට පිරිමි ළමයෙක් නැතතේය.

LESSON 18—දහඅටවෙනි පාඩම.

NUMERALS.

සංඛ්‍යා ශබ්ද.

CARDINAL NUMBERS.

One, එකයි. ...	1
Two, දෙකයි. ...	2
Three, තුනයි. ...	3
Four, හතරයි. ...	4
Five, පහයි. ...	5
Six, හයයි. ...	6
Seven, හතයි. ...	7
Eight, අටයි. ...	8
Nine, නවයයි. ...	9
Ten, දහයයි. ...	10
Eleven එකොළහයි.	11
Twelve, දොළහයි	12
Thirteen, දහතුනයි.	13
Fourteen, දහහතරයි.	14
Fifteen, පහළොහයි.	15
Sixteen, දහසයයි.	16
Seventeen, දහහතයි.	17
Eighteen, දහඅටයි.	18
Nineteen, දහනවයයි.	19
Twenty, විස්සයි. ...	20
Twenty-one, විසිඑකයි. ...	21
Twenty-two. විසිදෙකයි. ...	22
Twenty-three, විසි තුනයි.	23
Thirty, තිහයි.	30
Forty, හතළිහයි.	40
Fifty, පණහයි.	50
Sixty, හැටයි.	60
Seventy, හැත්තෑවයි. ...	70
Eighty, අසූවයි.	80
Ninety, අනූවයි.	90
Hundred, සියයයි.	100
Two hundred, දෙසියයයි....	200
Three hundred, තුන්සියයයි.	300
Four hundred. හාරසියයයි.	400
Thousand, දහයි.	1000
Two thousand, දෙදහයි. ...	2000
Ten thousand, දහදහයි.	10000
A hundred thousand, ලක්ෂයයි	100,000
A million, දශලක්ෂයයි.	1000000

WORDS.

Hour, පැය.
Minute, විනාඩිය.
Cinnamon, කුරුඳු
Finger, ඇඟිල්ල.
Number, ගණන.
Cocoanut, පොල්ගෙඩිය.
Enter, ඇතුල්වෙනවා.
Entered, ඇතුල්වුනා.
Here, මෙහි.
There, එහි,
Arecanut, පුවක්.

Exercise 18.

My father has 25 goats. My uncle has three houses. A year has 365 days. A day has 24 hours. An hour has 60 minutes. My father had an old horse. I sold this man 30 bushels of paddy. Will he buy 50 bags of rice? Here are 7[illegible] pounds of sugar. We had a pair of fat geese. A month has 30 days. Twelve months or 52 weeks make a year.

මේ ස්ත්‍රීට සැදිම දරුවෝ තුන්දෙනෙක් සිටිත්. මෙහි කුරුඳු රත්තල් සියයක් තිබේ. මා ළඟ කෝපි බුසල් 50 ක් තිබේ. මගේ මිත්‍රයාලඟ එළුවෙ 40 දෙනෙක් සිටියෝය. මේ ළමයාට ඇඟිලි දෙළහක් තිබේ. ඊයේ රාත්‍රියේ හොරු ගණනක් අපේ ගෙට ඇතුල්වූනෝය. මේ ගෙසි පොල්ගෙඩි 75 ක් තිබුනේය. පුවක්ගෙඩි හාරසිය පණහක් එහි තිබුනේය.

LESSON 19—දහනවවෙනි පාඩම.

ORDINAL NUMBERS.

The 1st, පළමුවෙනි.
The 2nd, දෙවෙනි.
The 3rd, තුන්වෙනි.
The th, සතරවෙනි
The 5th, පස්වෙනි.
The 6th, හවෙනි.
The 7th, හත්වෙනි.
The 8th, අටවෙනි.
The 9th, නවවෙනි.
The 10th, දහවෙනි.
The 11th, එකොළොස්වෙනි.
The 12th, දොළොස්වෙනි.
The 13th, දහතුන්වෙනි
The 14th, දහහතරවෙනි.
The 15th, පහළොස්වෙනි.
The 16th, දහසයවෙනි.
The 17th, දහහත්වෙනි.
The 18th, දහඅටවෙනි.
The 19th, දහනවවෙනි.
The 20th, විසිවෙනි.

WORDS.

January, ජනවාරි.
February, පෙබරවාරි
March, මාර්තු.
April, අප්‍රියෙල්.
May, මැයි
June, ජූනි.
July, ජූලි.
August, අගෝස්තු.
September, සැප්තැම්බර්.
October, ඔක්තෝබර්.
November, නොවැම්බර්.
December, දෙසැම්බර්.
Last, පසුගිය.
Next, ලබන, ඊළඟ.
Die, මැරෙණවා.
Died, මළා.

Exercise 19.

A month is the twelfth part of the year. I am now in my 31st year. I am the third of my class. The last King of Kandy died on the 30th January 1832. He is the third of his class. My mother is now in her 67th year. My father died on the 5th February 1860. I shall go to Kandy on the 10th of May next. His parents were in the town yesterday.

සතිය මාසයකින් සතරෙන් කොටසක්වේ. ලමෝ පාරේ සිටියෝය. මම මැයි මාසේ 15 වෙනිදා ලියමන ලිවෙමි. මගේ මවු 1863 ගේ පෙබරවාරි මාසේ 11 වෙනිදින මළාය. ගුරුවරයා ඊයේ පාඨශාලාවෙහි නොසිටියේය. මේක අවුරුද්දේ අට වෙනි මාසයවේ. වැඩක රජා පසුගිය මාසේ 12 වෙනිදා ගමට ගියේය. තුඩේ සහෝදරියෝ එහි නොසිටියෝය. ලබන මාසේ පස්වෙනිදා මම ගමට යන්නෙමි.

LESSON 20—විසිවෙනි පාඩම.

INDEFINITE PRONOUNS.

Any thing, කිසිදෙයක්.
Many countries බොහෝරටවල්.
Much bread, පාන් ගොඩක්.
Few men, මිනිස්සු ටිකදෙනෙක්.
Some boys, සමහර ලමයි.
Some water, වතුර ටිකක්.
Several boys, ලමයි කීපදෙනෙක්.
The other book, අනිත් පොත.
Another book වෙන පොතක්.
All the boys. ලමයි සියල්ලෝම.
None, කිසිවෙක් නැහැ.

Very, බොහෝ
Fine. ලස්සණ.
Kinds, වගී.
Certain, එක්තරා.
Ink, තීන්ත.
Play, සෙල්ලම.
Prize, තෑග්ග.
Fowls, කුකුළෝ.
Gentleman. මහත්මයා.
Lady, නෝනා.
Find, සම්භවෙනවා.
Found, සම්භවුනා.
Like, කැමතිවෙනවා.
Liked, කැමතිවුනා.

I shall have, ලබන්නෙමි.
Thou wilt have, ලබන්නෙහි.
He will have, ලබන්නේ.
We shall have, ලබන්නෙමු.
You will have ලබන්නහු.
They will have ලබන්නාහ.

Exercise 20.

I know none of them. My brother will have some of these books. All the houses in this town are very fine. I shall buy another slate to-morrow. This man has several kinds of paper. My friend speaks of certain merchants. This little boy does not eat much rice. My father sold some of his fowls to that gentleman. He will have a few sheets of good paper.

මේ තානි මිනිහාලඟ ලොකු ඌරෙක් ඇත්තේය. ඔහුලඟ ජීන්ත බොහොම ඇති. අපි පෑන් තිපයක් ලබින්නෙමු. වැඩ කාරයා ඒ ගහේ අතුවිකක් කැපුවේය. සමහර ළමයි සෙල්ල මට කැමති නැත්තෝය. පාඨශාලාවේ ශිෂ්‍යයෙක් නැත්තේය. ඒ පොත විලියම්ලඟ ඇති. ඔහුට නැග්ගක් ලැබේවි (will have.) මගේපියා තමන්ගේ ඝරක් ඔක්කෝම වික්කේය. මහත්තැන් සහ නෝනාවරු තිපදෙනෙක් ඊයේ පාඨශාලාවට ආවෝය.

LESSON 21—විසිඑක්වෙනි පාඩම.

COMPARATIVE.

Happy, සැපවත්, සැපසේ.	Happier than I මටවඩා සැපවත්.
High, උස්.	Higher than this, මීටවඩා උස්.
Poor. දුක්පත්.	Poorer than he, ඔහුටවඩාදුප්පත්
Easy, ලේසි.	Easier than that, ඊටවඩා ලේසි.
Useful, ප්‍රයෝජනවත්.	More useful than this, මීට වඩා ප්‍රයෝජනවත්.
Beautiful, ලස්සණ.	More beautiful than those, ඊට වඩා ලස්සණ.
Difficult, අමාරු.	More difficult than these, මීට වඩා අමාරු.

She is happier than I. ඈ මටවඩා සැපසේ සිටී.
This is cheaper than that, මේක අරිටවඩා ලාභයි, or ලාභවේ.

WORDS.

Faithful, ශුඩාවත්.	Bullock, ගොණා.
Fertile, සාරවත්.	Mountain, කඳ.
Strong, ශක්තිමත්, සවි.	Sea, මුහුද.
Cheap, ලාභ.	Ocean, සමුද්‍රය.
Famous, ප්‍රසිඩ.	Hill, ගොඩැල්ල.
Distant, දුරඇති.	Elephant, ඇතා
Cold, සීතල.	Animal, සතෙයා.
Portion, කොටස.	Pedurutalágala පිදුරුතලාගල
Mátalé, මාතලේ.	Place, ඉඩම.
Kurunégala, කුරුණෑගල.	

Exercise 21.

This boy is stronger than you. Some dogs are more faithful than the servants. My brother is taller than this boy. A mountain is bigger than a hill. A bullock is more useful than an elephant. These lessons are more difficult than those. Pedurutalágala is higher than all the other mountains of this country. This is cheaper than your book. Nuwara Eliya is colder than all the other towns in Ceylon. An ocean is a larger portion of salt water than a sea.

විලියම් මටවඩා උසයි. මේ රටේ හරක් බල්ලන්ට වඩා ප්‍රයෝජනයි. පිදුරුතලාගල සමනලකන්දට වඩා උසයි. මාතලේ කුරුණෑගලට වඩා සාරවත් පලාතක්වේ. මීටවඩා ලස්සන මලක් මාලඟ තිබේ. අරිටවඩා ලොකු අශ්වයෙක් මගේ පියා මිළේට ගත්තේය. දුක්පත් මිනිසුන්ගේ ලමෝ පොහොසත් මිනිසුන්ගේ ලමයින්ටවඩා සැපඇතිව සිටිත්. නුවර කොළඹට වඩා සීතලයි. නුවරඑළිය බොහොම සීතල ඉඩමක්ය. මේ පොත අනිත් සැම පොත්වලටවඩා අමාරුයි.

LESSON 22—විසිදෙවෙනි පාඩම.

IRREGULAR COMPARATIVE.

Bad, නරක.	Worse, වඩා නරක.
Good, හොඳ.	Better, වඩා හොඳ.
Little, පුංචි.	Less, වඩා පුංචි.
Many } Much } බොහොම.	More, වඩා.
Far, දුර.	Further, වඩාදුර.

This is better than that, මේක අරකට වඩා හොඳවේ.

WORDS.

Mistake, වැරැද්ද.	Star, තරුව.
Mango, අඹ.	Geography, භූමිශාස්ත්‍රය.
Fever, උණ.	Fence, වැට.
Earth, පොළව.	Bridge, පාලම.
Moon, හඳ.	Canal, ඇල.
Sun, ඉර.	Come, එනවා.
Noise, ඝොෂාව.	Came, ආවා.
Cup, කෝප්පය.	Go, යනවා.
Plantain, කෙසෙල්.	Went, ගියා.
Kalutara, කළුතර.	

Exercise 22.

This milk is worse than water. The earth is larger than the moon. My brother is better than my cousin. I gave him more oranges than these. My parents will come home in less than an hour. My house is further from the school than your house. The Kalutara bridge is larger than all the other bridges of Ceylon. I went further than those boys. The children made less noise to-day than yesterday. The old man has less fever now than last week.

සමහර තාරකා හඳටවඩා මහත්වේ. කළුතර මීටවඩා සවි ඇති පාලමක් තිබේ. මේ ලියම්ගේ ඒටවඩා වරදතිබේ. මම ඊයේ සවස තුඹලාටවඩා දුරගියෙමි. මම ඊයේ ලංසියෙකුගෙන් මීටවඩා හොඳ පෑණ් දෙඩම් මිළේටගත්තෙමි. මේරටේඅඹ පෑණ් දෙඩම්වලට වඩා ලාභය. මේ ලංසින්ගේ ගෙටවඩා මගේ ගෙය ස්කෝලේසිට දුරවේ.

LESSON 23—විසිතුන්වෙනි පාඩම.

SUPERLATIVE.

Short, කොට.

The shortest bench, සියල්ලටම වඩා කොට බංකුව.

Clever, සමත්.

The cleverest boy, සියල්ලටම වඩා සමත් ලමයා.

Expensive, වියදම්වන්නාවූ.

The most expensive, සියල්ලටම වඩා වියදම්වන්නාවූ.

Beautiful, ලක්ෂණ.

The most beautiful, සියල්ලටම වඩා ලක්ෂණ.

WORDS.

Himalaya, හිමාල කන්ද.
World, ලෝකය.
River, ගඞගාව.
Hot, උෂ්ණ.
Rose, රෝස.
Fine, ලක්ෂණ.

Walk, ඇවිදිනවා.
Walked, ඇව්දද.
Teach, උගන්වනවා.
Taught, ඉගැන්නුවා.
Learn, ඉගෙණගන්නවා.
Learnt, ඉගෙණගත්තා.
Know, දන්නවා.
Knew, දැනගත්තා.

Exercise 23.

The dogs are the most faithful of all animals. December and January are the coldest months of the year. Pedurutalágala is the highest mountain in Ceylon. The 22nd of June is the longest day of the year. The 22nd of December is the shortest day of the year. Nuwara-Eliya is the most expensive place in Ceylon. He is the cleverest boy in the school. I am learning the easiest lessons in the book. I walked further than you. The rose is the finest of all flowers.

මහවැලිගඟ ලංකාවේ සියලු ගඟගාවලටවඩා විශාලවේ. සියලු මාස්වලටවඩා මේ රටේ උෂ්ණ මාර්තු, අප්‍රේල් වෙත්. සියලු ස්ථානවලටවඩා මේරටේ සීතල නුවරඑළියයි. මේ ලෝකලේ සියල්ලටමවඩා සම්පත්ලම්යා ඔහුයි. අපේ වත්තේ සියලු ගස් වලටවඩා උස මේගහයි. හිමාල කඳු ලෝකයෙහි සියලුම කඳු වලටවඩා උස්වේ.

LESSON 24—විසිහතරවෙනි පාඩම.

Irregular Superlative.

Good, හොඳ.
Bad, නරක.
Little, පුංචි.
Far, දුර.
Old, වැඩිමහල්.

Best, සියල්ලටමවඩා හොඳ.
Worst, සියල්ලටමවඩා නරක.
Least, සියල්ලටමවඩා පුංචි
Farthest, සියල්ලටමවඩා දුර.
Eldest, සියල්ලටමවඩා වැඩිමහල්

Words.

Shop, සාප්පුව.
Round, වටේට.
Village, ගම.
Looking-glass, කැඩපත.
Sound, ශබ්දය.
District, පලාත.
Part, කොටස.
Prize, තෑග්ග.

Punish, අච්චුකරණවා.
Hear, ඇහෙනවා.
Punished, අච්චුකළා.
Heard, ඇහුනා.
Lived, පදිංචිවසිටියා.
Lives, පදිංචිවසිටිනවා.
Gentleman, මහත්මයා.

Exercise 24.

William is the best boy in the whole school. He bought the worst knife in the shop. He will punish you for the least mistake in your lesson. This is the furthest way round to the church. This is the best room in the house. My father's is the best house in the village. He hears the least sound. Your parents live in the worst part of the town.

බදුල්ල ඌවපලාතේ සියල්ලටමවඩා හොඳ නුවරයි. මහත් මයා සියල්ලටමවඩා හොඳතෑග්ග ගේසහෝදරයාට දුන්නේ ය. ගමේ සියල්ලටමවඩා නරකපැත්තේ වඩුවා පදිංචිවසිටී. මේ පාඨශාලාවේ සියල්ලටමවඩා පුංචිළමයා ඇගේ පුත්‍රයාවේ. මෙගේ මේ ගමේ ඉතා ඈඩා ගෙයවේ. ඔහුතෙම ඉගේ සියල්ලටමවඩා වැඩිමහල් පුත්‍රයාය. තුඹේ වැඩකාරයෝ ඉගේ වත්තෙ සියල්ල ටමවඩා ලොකු ගහ කැපුවෝය ඇ ඒ ගමේ සියල්ලටම වඩා නරක සත්‍රියා.

සාමාන්‍යයෙන් වර්තමාන ක්‍රියාපදය අගට d නොහොත් ed එකතුකිරීමෙන් අතීතක්‍රියාව (past tense) සහ (perfect participle) කිතක·ක්‍රියාවත් සෑදේ—ඒ මෙසේයි: call අඬගසනවා, called අඬගෑසුවා; called අඬගෑසූ, අඬගසනලද. Love ස්නේහකරණවා, loved ස්නේහකළා, loved ස්නේහකළ, ස්නේහ කරණුලැබූ, ස්නේහ කරන්ට යෙදුන.

අතීත ක්‍රියාව සහ ඉගතකී කිතක ක්‍රියාව මීට වෙනස් ආකාරයෙන් සාදනුලබන ක්‍රියාවචන මෙහි පහළ දක්වනුලැබේ.

Perfect participle නම් ක්‍රියාව වෙන ක්‍රියාවචන හා සම්බන්ධ වෙන හැටිත් එයින් ප්‍රකාශවෙන අර්ථත් මතු දක්වනුලබන නිදර්ශනයන්ගෙන් පෙනීයේ.

ALPHABETICAL LIST OF IRREGULAR VERBS.

	Present.	Past.	Perf. Participle.
වාසයකරණවා	Abide	abode	abode
වෙනවා, සිටිනවා, තිබෙනවා	Am	was	been
නැගිටිනවා	Arise	arose	arisen
අවදිවෙනවා	Awake	awoke, awaked	awaked
වදනවා	Bear	bore	born
උසුලනවා	Bear	bore	borne
ගහනවා, තළනවා	Beat	beat	beaten
පටන්ගන්නවා	Begin	began	begun
නමනවා, නැමෙනවා	Bend	bent	bent
අනක්කරණවා	Bereave	bereft	bereft, bereaved
යාච්ඤකරණවා	Beseech	besought	besought
අණකරණවා	Bid	bade	bidden
බඳිනවා	Bind	bound	bound
හපාකනවා, දෂ්ටකරණවා	Bite	bit	bitten
ලේ අරිණවා, ලේ යනවා	Bleed	bled	bled
පිඹිනවා	Blow	blew	blown
කඩනවා, බිඳිනවා	Break	broke	broken
ඇතිකරණවා, බෝකරණවා	Breed	bred	bred
ගෙනෙනවා	Bring	brought	brought
ගොඩනගණවා	Build	built	built
පුපුරණවා	Burst	burst	burst
මිලේටගන්නවා	Buy	bought	bought
විසිකරණවා	Cast	cast	cast
අල්ලනවා	Catch	caught	caught
තරවටුකරණවා	Chide	chid	chidden
තෝරාගන්නවා	Choose	chose	chosen
ඇලෙනවා	Cleave	cleaved	cleaved

	Present.	Past.	Perf. Participle.
පලනවා	Cleave	cleft	cloven or cleft
එල්ලෙනවා	Cling	clung	clung
අන්දවනවා	Clothe	clothed	clothed,clad
එනවා	Come	came	come
වියදම්වෙනවා	Cost	cost	cost
බඩගාණවා	Creep	crept	crept
අඩලනවා	Crow	crowed, crew	crowed
කපනවා	Cut	cut	cut
නිර්භීතවෙනවා	Dare	durst	dared
පොරට අඬගසනවා	Dare	dared	dared
ගණුදෙනු කරණවා	Deal	dealt	dealt
හාරණවා	Dig	dug	dug
කරණවා	Do	did	done
අඳිනවා	Draw	drew	drawn
බොනවා	Drink	drank	drunk
දක්කනවා	Drive	drove	driven
වාසයකරණවා	Dwell	dwelt	dwelt
කනවා	Eat	ate	eaten
වැටෙනවා	Fall	fell	fallen
කවනවා	Feed	fed	fed
දැනෙනවා, හැඟෙණවා, අතගා බලනවා	Feel	felt	felt
ගහගන්නවා	Fight	fought	fought
සොයාගන්නවා	Find	found	found
පලායනවා	Flee	fled	fled
පියාසරකරණවා	Fly	flew	flown
ගලායනවා	Flow	flowed	flowed
විසිකරණවා	Fling	flung	flung
වලකිනවා, ඉවසිල්ලෙන් සිටිනවා	Forbear	forbore	foreborne
අත්අරිණවා	Forsake	forsook	forsaken
සීතලට මිදෙනවා	Freeze	froze	frozen
ගන්නවා	Get	got	got
රත්රං ගාණවා	Gild	gilt, gilded	gilt, gilded
වටේට බඳිනවා	Gird	girt	girt
දෙනවා	Give	gave	given
යනවා	Go	went	gone
කැටයම්කරණවා	Grave	graved	graven, graved
අඹරණවා	Grind	ground	ground
වැඩෙනවා	Grow	grew	grown

	Present.	Past.	Perf. Participle.
තිබෙනවා	Have	had	had
එල්ලනවා	Hang	hanged	hanged
එල්ලෙනවා	Hang	hung	hung
ඇහෙනවා	Hear	heard	heard
කපනවා	Hew	hewed	hewn
සඟවනවා	Hide	hid	hidden
වදිනවා, අනිනවා	Hit	hit	hit
අල්ලනවා	Hold	held	held
රිදවනවා	Hurt	hurt	hurt
තියාගන්නවා	Keep	kept	kept
දනගහනවා	Kneel	knelt	knelt
ගොතනවා	Knit	knit or knitted	knit or knitted
දන්නවා	Know	knew	known
පටවනවා	Lade	laded	laden
පටවනවා	Load	loaded	laden
තබනවා	Lay	laid	laid
නිදූගන්නවා, දිගාවෙනවා	Lie	lay	lain
බොරුකියනවා	Lie	lied	lied
ගෙණයනවා	Lead	led	led
අත්අරිනවා, ඉතුරුකරණවා	Leave	left	left
නයටදෙනවා	Lend	lent	lent
ඉඩඅරිණවා	Let	let	let
එළිකරනවා, පත්තුකරණවා	Light	lighted, lit	lighted, lit
නැතිවෙනවා	Lose	lost	lost
සාදනවා	Make	made	made
අභිප්‍රාකරණවා	Mean	meant	meant
සම්භාවෙනවා	Meet	met	met
තණකොලආදිය කපනවා	Mow	mowed	mown
ගෙවනවා	Pay	paid	paid
හිරකරණවා, ගාල්කරණවා	Pen	pent	pent
ලියනවා	Pen	penned	penned
දමනවා, තබනවා	Put	put	put
කියවනවා	Read	read	read
ඉරණවා	Rend	rent	rent
මුදූඅරිණවා, ගලවනවා	Rid	rid	rid
පිටඋඩ යනවා	Ride	rode	ridden
සීනුව තට්ටුකරණවා	Ring	rang	rung
නැගිටිනවා	Rise	rose	risen
පලනවා	Rive	rived	riven
දිරාපත්වෙනවා	Rot	rotted	rotten

	Present.	Past.	Perf. Participle.
දුවනවා	Run	ran -	run
කියතෙන් ඉරණවා	Saw	sawed	sawn
කියනවා	Say	said	said
දකිනවා, පෙණෙනවා	See	saw	seen
සොයනවා	Seek	sought	sought
විකුණනවා	Sell	sold	sold
අරිණවා, එවනවා	Send	sent	sent
තබනවා	Set	set	set
වාඩිවෙනවා	Sit	sat	sat
සොලවනවා, සෙලවෙනවා	Shake	shook	shaken
හැඩගසනවා	Shape	shaped	shaped, or shapen
බූගාණවා	Shave	shaved	shaved, shaven
ලොම්කපනවා	Shear	sheared	shorn
වගුරුවනවා	Shed	shed	shed
බබලනවා	Shine	shone	shone
ලාඩන්ගසනවා	Shoe	shod	shod
වෙඩිතියනවා	Shoot	shot	shot
පෙන්වනවා	Show	showed	shown
හීන්කර කපනවා	Shred	shred	shred
ඇකිලෙනවා	Shrink	shrank	shrunk
පියනවා	Shut	shut	shut
ගීකියනවා, කන්තාරු කරණවා	Sing	sang	sung
ගිලෙනවා	Sink	sank	sunk
මරණවා	Slay	slew	slain
නින්දට පැමිණ ඉන්නවා	Sleep	slept	slept
ලිස්සනවා	Slide	slid	slidden
පටියෙන් ගල් විසිකරණවා	Sling	slang	slung
මගඅරිණවා	Slink	slunk	slunk
ඉරණවා	Slit	slit	slit
ගසනවා	Smite	smote	smitten
වපුරණවා	Sow	sowed	sown
මසනවා	Sew	sewed	sewed
කථාකරණවා	Speak	spoke	spoken
ඉක්මන්කරණවා	Speed	sped	sped
අකුරු ඇඳ කියනවා	Spell	spelled, spelt	spelled, spelt
වියදම්කරණවා	Spend	spent	spent
ඉහිරුවනවා	Spill	spilt	spilt
කටිනවා	Spin	span	spun

	Present.	Past.	Perf. Participle.
කෙලගසනවා	Spit	spat, spit	spit,
පලනවා	Split	split	split
අතුරණවා, ප්‍රකාශකරණවා	Spread	spread	spread
පනිනවා, උනනවා	Spring	sprang	sprung
හිටිනවා	Stand	stood	stood
හොරකම් කරණවා	Steal	stole	stolen
ඇලවනවා, ඇලෙනවා	Stick	stuck	stuck
අනිනවා, දෂ්ටකරණවා	Sting	stung	stung
ගඳගහනවා	Stink	stank, stunk	stunk
අඩිය දුරටතියනවා	Stride	strode	stridden
ගහනවා, පහරදෙනවා	Strike	struck	struck, stricken
අමුනනවා	String	strung	strung
වෑයම්කරණවා	Strive	strove	striven
අතුරණවා	Strow or strew	strowed, or strewed	strown, strowed, strewn, strewed
දිවුරණවා	Swear	swore	sworn
දාඩියදමනවා	Sweat	sweat	sweat
අතුගාණවා, පිසදමනවා	Sweep	swept	swept
ඉදිමෙනවා	Swell	swelled	swollen, swelled
පිනනවා	Swim	swam	swum
ඔංචිල්ලා පදිනවා	Swing	swung	swung
ගන්නවා	Take	took	taken
උගන්වනවා	Teach	taught	taught
ඉරණවා	Tear	tore	torn
කියනවා	Tell	told	told
හිතනවා	Think	thought	thought
වැඩෙණවා	Thrive	throve	thriven
වීසිකරණවා	Throw	threw	thrown
තල්ලුකරණවා	Thrust	thrust	thrust
පාගණවා	Tread	trod	trodden
වැඩිවෙනවා or වෙනවා	Wax	waxed	waxed, waxen
අඳිනවා	Wear	wore	worn
වියනවා	Weave	wove	woven
දුක්වෙනවා,	Weep	wept	wept
තෙමනවා	Wet	wet	wet
දිනනවා	Win	won	won

	Present.	Past.	Perf. Participle.
ඔතනවා	Wind	wound	wound
වැඩකරනවා	Work	worked } wrought	worked } wrought
මිරිකනවා.	Wring	wrung	wrung
ලියනවා.	Write	wrote	written.

LESSON 25—විසිපස්වෙනි පාඩම.

වර්තමානකාලයෙහි නිමියාවූ ක්‍රියාව Present perfect නම්වේ—I have sold a book now, මම දැන් පොතක් වික්කෙමි. (මා විසින් දැන් පොතක් විකුණතිබේ.)

ඉකුත් කාලයෙහි නිමියාවූ ක්‍රියාව Past perfect නම්වේ—I had sold it, ඒක මා සින් විකුණතිබුනේය.

I have sold the book,	මාවිසින් පොත විකුණතිබේ.
Thou hast sold the book,	තාවිසින් පොත විකුණතිබේ.
He has sold the book,	ඌවිසින් පොත විකුණතිබේ.
We have sold the book,	අපවිසින් පොත විකුණතිබේ.
You have sold the book,	තුඹලාවිසින් පොත විකුණතිබේ.
They have sold the book,	ඔවුන්විසින් පොත විකුණතිබේ.
I had sold the book,	මා විසින් පොත විකුණ තිබුනේය.
Thou hadst sold the book,	තා විසින් පොත විකුණ තිබුනේය.
He had sold the book,	ඌ විසින් පොත විකුණ තිබුනේය.
We had sold the book,	අප විසින් පොත විකුණ තිබුනේය.
You had sold the book,	තුඹලා විසින් පොත විකුණ තිබුනේය.
They had sold the book,	ඔවුන් විසින් පොත විකුණ තිබුනේය.

Words.

Somebody, කිසිවෙක්.	Neighbour, අසල්වාසියා.
Money, කාසි, මිල.	Foolish, මෝඩවූ.
Pine-apple, අන්නාසි.	Finger, ඇඟිල්ල.
Cabbage, ගෝවා.	Lame, කොරවූ.
Ball, බෝලය.	Dirty, කිළුටු.
Wedding, මංගලඃප්‍රසංගාව.	Gampola, ගම්පොල.

Before, ප්‍රථමයෙන්.	Red, රතු.
Fade, පරවෙණවා	Burn, පුළුස්සනවා, පුළුස්සා ගන්නවා.
Take, ගන්නවා.	Wash, සෝදනවා.
Pigeon, පරවියා.	Lazy, කම්මැලි.
Bag, මල්ල.	Canal, ඇල.
Hole, සිදුර.	Kalutara, කළුතර.
Wall, බිත්තිය.	

Exercise 25.

The flowers have faded. Somebody has taken the money. I have bought a pine-apple. My brother had sent me a cabbage from Nuwara Eliya. They learnt the lessons before he came. These children have found the ball on the grass. The foxes had eaten my black pigeon. They have given money to their poorest neighbours. That boy has put your books into his bag. My parents have gone to a wedding at Kalutara. This boy had made a hole in the wall yesterday.

මේ පූංචි ලමයා විසින් වැඩකාරයාගේ අලුත් පිඟියේ කඩා තිබේ. මගේ පියා කොළඹින් රතු අශ්වයෙක් ගෙණෙවේය. ඔව්හු ඒ මංගල්‍ය ප්‍රස්ථාවට ගියෝය. මේ මෝඩ ලමයාවිසින් ඇඟිලි පුළුස්සාගණ තිබුනේය. මේ දුක්පත් මිනිහුන්විසින් තමන්ගේ කිළුටු ඇඳුම් අර ඇලෙහි සෝද තිබේ. මගේ කොර නාකි බල්ලා රුපියල් දෙකකට මේ මිනිහාට වික්කෙමි. ලමයි බත් ඔක්කෝම කාලා තිබුනේය. මේ කම්මැලි ලමයා කොපිය නොලියූවේය. මගේ මිත්‍රයෙක්විසින් මේ ගෝවා ගෙඩිය ගම්පලින් එවා තිබේ.

LESSON 26—විසිහයවෙනි පාඩම.

ADVERBS.

ක්‍රියාවිශෙෂණ.

කාලාර්ථ වාචක ක්‍රියාවිශෙෂණ (adverbs of time) සමහරක්හැර අනිකුත් ක්‍රියාවිශෙෂණයෝ සාමාන්‍යයෙන් අකර්මකවූ (intransitive) ක්‍රියාවචනයන්ට පසුව යොදනු ලබත්—ඒ මෙසේයි,

He is bathing now, ඔහු දැන් නනානිටී.

ක්‍රියාව කර්මයක්හා සම්බන්ධවේනම් ක්‍රියාවිශෙෂණය ක්‍රියාවට පෙරටුවහෝ කර්මයට පසුවහෝ ව්‍යවහාර කරත්—ඒ මෙසේයි,

I gladly accepted it, ඒක සතුටින් පිළිගතිමි.

I accepted it gladly, සතුටින් ඒක පිළිගතිමි.

Often, බොහෝවිට. seldom, කලාතුරකින්. ever, හැමදම. never, කවදාවත් නැහැ. hardly, අමාරුවෙන්. always, නිතර. යන මේ කාලාභිවාචක ක්‍රියා විශේෂණයන් නිතරම ක්‍රියා වචනයට පෙරටුව ව්‍යවහාර කරත්—I often saw her, ඈ බොහෝවිට දුටිමි, යනාදී වශයෙනි.

Words.

During, අතර.
Badly, නරකට, නරකලෙස
Wind, සුලඟ.
Examination, සෝදිසිය.
About, ඔබමොබ.
Learners, ඉගණගන්නෝ.
Frequently, බොහෝවිට.
Mistake, දොෂය.
Everywhere, හැමතැනම.
Search, සොයනවා.
Accept, පිළිගන්නවා.
Penknife, පෑනකපන පිහියෙ.
Tense, කාලය.
Verb, ක්‍රියාපද.
Willingly, කැමැත්තෙන්.
Alone, තනිව.
After, පසු.
Well, හොඳට.
Bathe, නානවා.
Walk, සක්මන්කරණවා.
Scatter, විසුරුවාදමනවා.
Assist, උපකාරකරණවා.
Gladly, සතුටින්.

Exercise 26.

They had written their copies badly. These boys always walk in the garden in the evening. The wind had scattered the examination papers about the schoolroom. Learners of English frequently make mistakes in the tenses of verbs. Your brother assisted me willingly. I always go home alone after school. The little boy had searched everywhere for his penknife. They had done their work well.

අපවිසින් පරණ පාඩම් හොඳට ඉගණගෙණ තිබේ. නිවාඩුකාලය අතරතුරේ මම නිතරම පරණපාඩම් ඉගණගණිමි. මා විසින් ඈ කවදාවත් දැකලා නොසිටියාය. ඔව්හු කලාතුරකින් ගමට යත්. මම ඔහුගේ තෑග්ග සතුටින් පිළිගත්තෙමි. මේ ළමය් හොඳට නියවත්. ළමය් ඉක්කෝම දත් නාත්. ලියමන ලියාලා නොතිබුණේය. තුඹ යන්ට ප්‍රථමයෙන් වැඩකාරයන් විසින් ගහකපා තිබුණේය. වැඩකාරයෙක් මගේ පෑනකඩා තිබේ. මාවිසින් කවදාවත් ඒ පොත කියවා නොතිබුණේය. ඔවුන් විසින් ගස් තුණක් කපාතිබේ.

LESSON 27—විසිහත්වෙනි පාඩම.

ADVERBS CONTINUED.

ක්‍රියා විශෙෂණයෝ තමන් විසින් සම්බන්ධ කරණුලබන විශෙෂණයන්ටද (adjectives) වෙනත් ක්‍රියා විශෙෂණයන්ටද පෙරටුව යොදනුලබත්. ඒ මෙසේයි, He is a very good man, ඔහු බොහොම හොඳ මිනිසෙක්ය ; I write very slowly, මම බොහොම හෙමිහිට ලියමි.

ක්‍රියාව මිශ්‍ර වචනයක්වූ කල්හි ක්‍රියා විශෙෂණය වචන දෙකට අතරේ හෝ දෙකටම පසුව හෝ යොදත්. ඒ මෙසේයි,

He has well spoken, ඔහු හොඳට කථාකළේය.
He has spoken well, ඔහු හොඳට කථාකළේය.

Enough, යන ක්‍රියා විශෙෂණය නිතරම විශෙෂණයන්ට පසුව යොදත්. The water is deep enough, වතුර සෑහෙනතරම් ගැඹුරුවතිබේ.

WORDS.

Just now, මේ දැන්.
Too, වඩා.
Only, පමණක්.
Very, බොහොම.
Slowly, හෙමින්, හෙමිහිට.
Weak, දුර්වලව.
Punish, දඬුවම්කරණවා.
Quite, සම්පූර්ණයෙන්.
Beat, ගසනවා, තලණවා.
Pluck, නෙලනවා.
Finish, නිත්දුකරණවා.
Reply, උත්තරදෙනවා,
Hard, අසීරු.
Admission, භාරගැණීම.
Ripe, පැහිච්ච.
Curious, අපූර්ව.
Museum, කෞතුකාගාරය.
Work, වැඩේ.

Let me write මට ලියන්ට ඇරපන්.
Write or write thou, ලියාපන්, ලියව.
Let him write, ඔහුට ලියන්ට ඇරපන්, ඌ ලිව්වාවේ.
Let us write, අපි ලියමු, අපට ලියන්ට ඇරපන්.
Write or write you, ලියව්, ලියාපල්ලා.
Let them write, ඔවුනට ලියන්ට ඇරපල්ලා, ඔවුන් ලියාපුවා වෙත්.

Exercise 27.

This hat is too small for me. That hat is large enough for you. Let him take only two of these oranges. I have just now finished my examination paper. Your brother has very seldom replied to my letters. Walk slowly. Let me go now. This old man is too weak for that hard work. That boy is too old for admission into the school. The mangoes and oranges in my uncle's garden are quite ripe now. I have seen very curious things in the museum. You have punished the boy quite enough.

බල්ලාට ගහව්. ඒ ලමයාට පෑනක් දිපන්. මට මගේ කොපිය ලියන්ට ඇරපන්. මට ඉකිත් යන්ට ඇරපන්. මගේ වත්තේ අඹ පෑසීතිබේ. ගුරුන්දෑරහ විසින් තුඹට දඬුවම්කර තිබේ. වෑඩකාරයාට දෙඩම් නාඩනට ඉඩදිපල්ලා. ලමයින්ට ඉනින් ගෙදරයන්ට අරිව්. ඊයේ තුඹේ පියා කෞතුකාගාරයෙහිදී මම දුක්කෙමි. ඔහුගේ සහෝදරියන් මහනුවරදී මම දුටුයෙමි. සෙමින් පල. ඒ ගහේ අතු කපව්. ඒ නාකි මිනිහාට ගෙදර යන්ට අරිවු.

LESSON 28—විසිඅටවෙනි පාඩම.

ADVERBS CONTINUED.

. ක්‍රියා විශෙෂණ නිපයක් එකම වාක්‍යගම්‍යක යොදන්ට වුවමනා කල්හි ස්ථානාර්ථ වාචකවූ ශබ්දය පළමුකොටද, කාලාර්ථ වාචකවූ ශබ්දය කෙළවරකොටද ව්‍යවහාර කරත්. ඒ මෙසේයි. He waited here patiently yesterday, ඔහු ඊයේ ඉවසිල්ලෙන් මෙහි බලාපොරොත්තුව සිටියේය.

WORDS.

At home, ගෙදරදී.	Set, බසිනවා.
Immediately, එවලේම.	After sun-set, ඉරබෑස්සාටපසු.
Usually, සිරිත්ලෙස.	At day-break, හිමිදිරිය අළුයම.
Nearly, කිට්ටුව.	Draw, අඳිනවා.
Carry, ගෙණයනවා.	Parcel, පොට්ටනිය.
Map, සිතියම.	English, ඉංග්‍රිසි.
Fly, මැස්සා.	Destroy, විනාසකරණවා.
Here and there, එහාමෙහා	At the books, පොත්දිහා.

I may or can write,	ලියන්ට මට පුළුවනි.
Thou mayest or canst write / You may or can write	ලියන්ට තුඹට පුළුවනි.
He may or can write,	ලියන්ට ඔහුට පුළුවනි.
We may or can write,	ලියන්ට අපට පුළුවනි.
You may or can write;	ලියන්ට තුඹලාට පුළුවනි.
They may or can write,	ලියන්ට ඔවුනට පුළුවනි.

Can යන වචනයෙන් යමක් කිරීමට ශක්තිය ඇතිබව හැඟේ. May යන වචනයෙන් නිදහසයද, යම් ක්‍රියාවක් වෙනට පුළුවන් බවද, කැමැත්තද ප්‍රකාශවෙත්. I can do it, ඒක මට කරන්ට පුළුවනි. He may go home. ඔහුට ගෙදර යන්ට පුළුවනි (ගෙදර ගියාවේ:) He may not come, ඔහු නෝන්ට පුළුවනි.

Exercise 28.

Your brother's servant came here just now. He always learns his lessons at home after sun-set. He came here immediately. The mangoes in that man's garden are very nearly ripe now. That old woman usually passes this house at day-break. The servant can carry this easily. I can read English now. I can carry this parcel to your house. You can come here to-morrow. They were drawing their maps very badly.

මට හෙට ගමට යන්ට පුළුවනි. ළමයි නිතරම් තමන්ගේ පොත් රෑට ගෙදරදී කියවත්. ඔවුන්ට ඉක්මනට ලියන්ට පුළුවනි ගිය අවුරුද්දේ මැස්සෝ ගොයම් සම්පූර්ණයෙන් විනාශ කළෝය. උඹේ සහෝදරයා එවලේම මෙහි ආවේය. මට ඉක්මනට කියවන්ට බැහැ. මේ ළමයා නිවාඩුකාලේදී කවදාවත් තමාගේ පොත්දිහා බලන්නේ නැහැ. දැන් මට එහේ මෙහේ ඇවිදින්ට පුළුවනි. මට දැන් පහසුවෙන් ඉංග්‍රීසි පොත් කියවන්ට පුළුවනි. ඔවුන්ට හෙට මෙහි එන්ට පුළුවනි.

LESSON 29—විසිනවවෙනි පාඩම.

And.

The lion and the tiger eat flesh, සිංහයත්, දිවියත් මස්කති.
He and I were walking, ඔහුත් මමත් සක්මන් කරකර සිටියෙමු.
You and he broke the glass, උඹත් ඔහුත් වීදුරුව කැඩුවෝය
The man, the woman and the boy entered the room, මිනිහාත්, ස්ත්‍රීත්, ළමයාත් කාමරේට ඇතුල්වුනෝය.
We killed,cooked and ate the pig අපි ඌරා මරා උයාකෑවෙමු.
I bought a knife, a hat and a book. මම පිහියෙකුත්,තොප්පියකුත්, පොතකුත් මිලේට ගත්තෙමි.

WORDS.

Pair, කුට්ටම.
Trowsers, කලිසන්.
Tailor, මහන්නා.
Key, යතුර.
Plant, හිටවනවා.
Vegetable, එළවළු.
Food, කෑම, අහර.
This evening, අද සවස.
To read, කියවන්ට.
To write, ලියන්ට.
Repair, අළුත්වැඩියාකරණවා.
White-wash, හුනුබදා ගාණවා.
Tease, ලෙල්ලම් කරණවා.
Next, ළඟ.
Animals, සත්තු.
Sleep, නිදාගන්නවා.
Clothing, ඇඳුම
Starve, නිරාහාරව ඉන්නවා.
Assist, උපකාරවෙනවා.

I must sell, මම විකුණන්ට ඕනෑ.
You must sell, තුඹ විකුණන්ට ඕනෑ.
He must sell, ඌ විකුණන්ට ඕනෑ.
We must sell, අපි විකුණන්ට ඕනෑ.
You must sell, තුඹලා විකුණන්ට ඕනෑ.
They must sell, ඔව්හු විකුණන්ට ඕනෑ.

Would, should, might, could යන පදයෝ will, shall, may, can යන පදයන්ගේ අතීත ක්‍රියාපදයෝ වෙත්.

Exercise 29.

James and William are playing in the garden. I must buy a coat and a pair of trowsers from this tailor. Children like bread and sugar. He and you must buy for me a key and a knife. I must plant flowers and vegetables in my garden. He is repairing and white-washing the church. My father bought this morning a horse, a cow, and a goat. He was beating and teasing the poor little boy. My father, mother and brothers will go to church next Sunday. Animals eat, drink and sleep.

මම ඉංග්‍රීසි කියවන්ට ලියන්ට ඉගෙණගන්ට ඕනෑ. තුඹ ඒ දුක්පත් නාකිමිනිහාට කෑම සහ ඇඳුම දෙන්ට ඕනෑ. මේ හාප්පු කාරයා හොඳ තේකොල, සීනි, වෙඩරු විකුණයි. මේ ස්ත්‍රී සහ ඇගේ දරුවෝ බොහෝවිට නිරාහාරව ඉඳිත්. අපි සෙල්ලම් කරන්ට ඕනෑ. ඌත් මමත් අද සවස ගෙදරයන්ට ඕනෑ. මාමත් නැන්දත්, ලමයිත් ඊයේ මෙහි ආවෝය. ඔහුත් මමත් අපේ සහෝදරයන්ටත් සහෝදරියන්ටත් නිතරං උපකාර වෙන් නෝය.

LESSON 30—තිස්වෙනි පාඩම.

Passive Voice.

කර්මකාරක.

Present Tense—වර්තමාන ක්‍රියා.

I am sold, විකුණනු ලබමි We are sold, විකුණනු ලබමු.
Thou art sold. විකුණනු ලබයි. You are sold, විකුණනු ලබහු.
He is sold, විකුණනු ලබයි. They are sold, විකුණනු ලබත්.

Past Tense—අතීත ක්‍රියා.

I was sold, විකුණනු ලැදිමි. We were sold, විකුණනු ලැබූ වෙමු.
Thou wast sold, විකුණනු ලැබුයෙ You were sold විකුණනු ලැබූවහු.
He was sold, විකුණනු ලැබී. [යි. They were sold, විකුණනු ලැබූ.

Future Tense—**අනාගත ක්‍රියා.**

I shall be sold, විකුණනු ලබන්නෙමි.	We will be sold, විකුණනු ලබන්නෙමු.
Thou wilt be sold, විකුණනු ලබන්නෙහි.	You will be sold, විකුණනු ලබන්නහු.
He will be sold, විකුණනු ලබන්නේ.	They will be sold, විකුණනු ලබන්නෝ.

Love, ආදරේ වෙනවා	Director, ඩිරැක්ටර්තැන.
Bite, හපාකනවා.	Public Instruction, ප්‍රසිද්ධ ඉගැන්වීම.
Treat, උපස්ථානකරණවා.	Office, නිලය, ධුරය.
Hate, කුරුස්සනවා.	Chief Justice, නායක විනිශ්චයකාරතැන.
Kill, මරණවා.	Kachcheri, කච්චේරිය.
Killed, මැරුවා.	Police Magistrate, පොලිස් මහෙස්ත්‍රාත්තැන.
Imprison, හිරඅඩස්සි කරණවා.	Colonial Secretary, මහ ලේකම්තැන.
Appoint, පත්කරණවා.	Mr. Jones, ජෝන්ස් උන්නැහේ.
Investigate, විභාග්කරණවා	Papers, ලියවිලි.
Assault, අඩන්තේට්ටම්කරණවා.	
Sew, මහනවා.	
Geography, පෘථිවි ශාස්ත්‍රය.	

Exercise 30.

I am loved by my parents. My uncle's servant was bitten by a mad dog. These chairs will not be sold to-day. He was assaulted by the thieves on the 15th of last December. The case was investigated by the Chief Justice during the last sessions. Mr. Williams has been appointed Police Magistrate of Panadure. The church and the school bungalow were built by my father. We are well treated by our friends. My knife has been stolen by somebody.

මේ ළමෝ තමන්ගේ මව් පියන්විසින් ආදරේකරණු ලබත්. මගේ ඌරෝ සියල්ලම වැඩකාරයා විසින් විකුණනුලද්දේය. ඔහු ප්‍රසිද්ධ ඉගැන්වීමේ ඩිරැක්ටර් තැනගේ කන්තෝරුවේ නිලයකට පත්කරණ ලද්දේය. ඒ මිනිහාගේ වැඩකාරයා තුන්මාසයකට හිරඅඩස්සිකරණු ලැබුවේය. ජෝන්ස් උන්නැහේ මහනුවර කච්චේරියේ උපජ්ජන්ත තනතුරටද, විලියම්ස් උන්නැහේ කොළඹ පොලිස් මහෙස්ත්‍රාත් ධුරයටද පත්කරණු

ලැබුවෝය. මහ ලේකම්තැන විසින් ලියවිලි මේසෙපිට තබන ලදී. ඒ නඩුව නායක විනිශ්චයකාරතුමා විසින් මහනුවරදී විභාගකරණ ලද්දේය. මම මේ ලමයින් දෙදෙනා විසින් පාඨශාලාවේදී ගසනලද්දෙමි. අපි ගුරුවරයා විසින් පාළිවි ශාස්ත්‍රය උගන්වනු ලබමු. ඈ තොපමා විසින් මැහුම් උගන්වනු ලද්දීය.

LESSON 31—තිස්එක්වෙනි පාඩම.

Since, for. from, at, in.

I have been ill since last Sunday, පසුගිය ඉරිද පටන් මම අසනීපව සිටිමි.

I read it from beginning to end, මුලපටන් අගදක්වා මම ඒක කියෙව්වෙමි.

I lived there for seven months, මාස හතක් මම එහි පදිංචිව සිටියෙමි.

He bathes at sun-rise, ඉරපායනකොට ඔහු නාන්නේ

I go home in the evening, සවස මම ගෙදර යමි. [ය.

WORDS.

Carefully, හොඳකාර.
Beginning, මුල.
End, කෙළවර.
Wait, බලා පොරොත්තුව සිටිනවා.
Meadow, පිට්ටනිය.
Absent { නොපැමින සිටිනවා. / ඉදිරිපිට නොසිටිනවා.
Railway station, දුම් රථ ස්ථානය.
O'clock, කනිසම, වේලාව.
Newspapers, ආරංචි පත්‍ර.
Library, පොත්ගුල.
About, පමණ.

I have been sold, මම විකුණනු ලැබුයෙමි.
Thou hast been sold, තෝ විකුණනු ලැබුයෙහි.
He has been sold, ඌ විකුණනු ලැබුයේ.
I had been sold, මම විකුණනුලැබ සිටියෙමි.
Thou hadst been sold, තෝ විකුණනුලැබ සිටියෙහි.
He had been sold, හෙතෙම විකුණනුලැබ සිටියේ.
We have been sold, අපි විකුණනු ලැබුයෙමු.
You have been sold, තුඹලා විකුණනු ලැබුවාහු.
They have been sold, ඔව්හු විකුණනු ලැබුවෝය.
We had been sold, අපි විකුණනුලැබ සිටියෙමු.
You had been sold, තොපි විකුණනුලැබ සිටියාහු.
They had been sold, ඌලා විකුණනුලැබ සිටියෝය.

Exercise 31.

I have read this book carefully from beginning to end. I have not seen him for a month. My horse had been sold. I waited for you at the railway station from seven o'clock till ten. They looked into their school books only in the last week of the holidays. I have not seen my uncle since the last holidays. He has been assaulted by some persons. My little dog had been killed by the servant in the morning. I have not seen your brother for a month These boys play from morning till night. He reads the newspapers in the library in the evening.

මම පසුගිය මාසේ පටන් අසනීපව සිටියෙමි. මේ මිනිහාගේ පුතා හොරෙක් විසින් මරණලැබ සිටියේය. පාඨශාලාවේ ළමයි සවස ඒව්ටනියේ සක්මන් කරත්. දෙමාසෙකින් ඔහුට මම ලියමනක් නොහැරියෙමි. ඒ වෙලාවේදී ඔව්හු ඉදිරිපිට නො සිටියෝය. මම මේ ළමයාවිසින් අඩත්තෙට්ටම් කරණලැබ සිටිමි. හෙට උදේ හතේ කාණිසම්ට පමණ මම තමුන්නාන්සේ දකින්ට එන්නෙමි. මේ ගගේ ගෙඩි දෙකක් හොරුන් විසින් කඩනලද්දේය. මගේ අකාරාදිය කිසිවෙක් විසින් හොරකම් කරණලද්දේය.

LESSON 32—තිස්දෙවෙනි පාඩම.

PARTICIPLE.

කිතක ක්‍රියා.

Active.—කර්තෘ කාරක.

"I saw a girl beating a dog," ගෑණු ළමයෙක් බල්ලෙකුට ගහනවා මම දුටිමි.

"Having finished the work, the man returned" වැඩේ ඉවර කරලා ඒ මිනිහා ආපසු ආවේය.

Passive—කර්ම කාරක.

"Frightened by the noise she ran away" ඝොෂාව නිසා භයගන්වනලදුව ඈ දිව්වාය.

"Being frightened by the noise" ඝොෂාව නිසා භයවනලදුව.

"The business having been completed the council was dismissed." ඒ කාර්‍ය්‍යාන්තය සම්පූර්ණකරණලදුව සභාව පහසරණලද්දේය.

WORDS.

Beat, ගහනවා.	Noise, ඝෝෂාව.
Frightened at, භයවී.	Business, කර්මාන්තය,
Finish, ඉවරකරණවා.	Council, සභාව.
Return, ආපසු එනවා.	Horseback, අශ්වයාපිට.
Dismiss, පහකරණවා.	Donkey, බූරුවා.
Pursue, ලුහුබැඳ යනවා.	Along, දිගේ.
Expel, පිටදමනවා.	Road, පාර.
Beg, හිඟනවා.	Jackal, හිවලා,
Plough, සානවා.	Jungle, කැලෑව.
Complete, සම්පූර්ණකරණවා.	Across, හරහා.
Heavens, ආකාශය.	Breakfast, උදේ කෑම.
Move, හැරෙණවා.	Cooly, කුලීකාරියා.

Exercise 32.

I see a man riding on horseback. Being pursued by the boys the donkey ran along the road. Having been expelled from the school the boy returned to the village. He went about begging from his friends. Having finished the work the boy returned home. Seen by the boys the jackal ran into the jungle. Pursued by the dogs the hare ran across the field. We saw the boy learning his lessons. He often rose out of his bed to see the stars moving in the heavens.

තුඹේ සහෝදරී පාඨශාලාවට යනවා මම දැක්කෙමි. මිනිහෙක්විසින් භයගන්වන ලදුව ඒ ලමයා ගෙදර දිව්වේය. උදේ කෑම කාලා අපි පාඨශාලාවට ගියෙමු. ලමයි ගෙදර යනවා තුඹ දුටුවෙහිද? අපවිසින් ලුහුබැඳයනලදුව සොරා කුඹුරහරහ දිව්වේය. මගේ පාඩම ඉගෙණගෙණ මම සෙල්ලම් කරන්ට ගියෙමි. තුඹේ පියා කුඹුරක් සානවා මම ඊයේ දුටිමි. ඒ මිනිහාට භයවී ලමයා ඇඬුවේය. වැඩේ සම්පූර්ණකරලා ඒ කුලීකාරයෝ දෙදෙනා ගමට ගියෝය.

LESSON 33—තිස්තුන්වෙනි පාඩම.

In, at.

In යන නිපාතය රටක හෝගොත් පලාතක නමක් පෙරටුවද at යන නිපාතය නුවරක හෝයොත් ගමක නමක් පෙරටුවද ව්‍යවහාර කරණු—ඒ මෙසේසි,

He lives at Galkissa in Salpiti-korale, ඔහු සල්පිටිකෝරලේ ගල්කිස්සෙහි පදිංචිව සිටී.

The English and the Dutch fought in Ceylon. ඉංග්‍රීසිකාරයෝ සහ ඕලන්දක්කාරයෝ ලංකාවේදී සටන්කළෝය.

WORDS.

The Portuguese, පෘංගිකාරයෝ.
The Dutch, ඕලන්දක්කාරයෝ.
Mulleriyawa, මුල්ලෙරියාව.
District, පලාත.
The Sinhalese, සිංහලමිනිස්සු.
India, ඉන්දියාව.
Seize, අල්ලනවා.
Inhabitants. පදිංචිකාරයෝ.
Fight, දබරය.
Kurunégala, කුරුණෑගල.
St. Thomas' College, සෙන්ට් තෝමස් කොලිජිය.
Education, ඉගණීම.
Pelpola, පැල්පොල.
Rayigam-kóralé, රයිගම් කෝරලේ.
Sabaragamuwa, සබරගමුව.
Adam's Peak, සමනල කන්ද.
Ratnapura, රත්නපුරේ.
Geography, භූමි ශාස්ත්‍රය.
Petitioner, ඉල්ලුම්කාරයා.
Petition, ඉල්ලුම් පත්‍රය.
Take place, සිදුවෙනවා.
Live, වාසයකරණවා, ජීවත් වෙනවා.
Receive, ලබනවා.

Exercise 33.

I overtook him at Pelmadulla near Ratnapura. The English and the Dutch fought in Ceylon. The Sinhalese and the Portuguese fought a battle at Mulleriyawa. My brother's land is at Pelpola in Rayigam-kóralé. These children are learning English. He was teaching us the geography of India. My brother has sent me a beautiful map of Ceylon. I knew him at Badulla. Adam's Peak is in the Sabaragamuwa district. My friend has sent me a cow from Kurunégala.

ඒ සොරා අල්ලනු ලැබුවේ පස්දුන් කෝරලේ අගලවත්තේ දීය. ඉල්ලුම්කාරයෝ වයඹ පලාතේ කුරුණෑගල පදිංචිකාරයෝය. මම කුරුණෑගලදී මේ නාකි හිඟන්නා බොහෝ විට දක්නෙමි. මාවිසින් කුරුණෑගලදී ඒ නාකි හිඟන්නා බොහෝවිට දක්නාලද්දේය. දබරය සිදුවූතේ බදුළු පලාතේ උඩුවරයන ගමෙහිය. තමාගේ මිත්‍රයාගේ මරණයටපසු ඒ අසරණ මනුෂ්‍යයා කුරුණෑගල පලාතේ වාසය කෙරේ. කොළඹ සෙන්ට් තෝමස් කොලිජියෙහි මම ඉගණීම ලැබුයෙමි.

LESSON 34—තිස්හතරවෙනි පාඩම.

Has he cut the tree?

(1) Yes. (2) Yes, he has. (3) Yes, he has cut it.

ඔහු ගහ කැපුවේද?

(1) ඔව්. (2) ඔව්, කැපුවේය. (3) ඔව්, ඒක කැපුවේය.

Has he cut the tree?

(1) No. (2) No, he has not. (3) No, he has not cut it.

ඔහු ගහ කැපුවේද?

(1) නැහැ. (2) නැහැ, කැපුවේ නැහැ. (3) නැහැ, ඒක කැපුවේ නැහැ.

Is not this man innocent? Yes, he is.

මේ මනුෂ්‍යයා නිර්දෝෂ නොවේද? ඔව්, ඔහු නිර්දෝෂයි.

Have I not read this book? Yes, you have. No, you have not.

මම මේ පොත නොකියෙව්වෙම්ද? ඔව්, තුඹ කියෙව්වෙහිය. නැහැ, තුඹ නොකියෙව්වෙහිය.

WORDS.

Absent, නොපැමිණ සිටිනවා.	Loss, නැතිවීම, අලාභය.
Enquire, සෝදිසිකරණවා.	Generally, වැඩිකොට.
Progress, දියුණුව.	Walk, සක්මණ.
Repair, අලුත්වැඩියාකරණවා.	Broken, කැඩිච්ච.
Steel, වානේ.	Quill pen, පිහාටු පෑන.
Correctly. හරිලෙස.	Sum, ගණන.

Exercise 34.

Were you not absent from school from the 1st to the 16th of this month? No, I was absent only three days. Did you ever see this man in his house? No, I never saw him there. Does not your father enquire about your progress in English? Yes, he does. Has he told me the truth about the loss of his books? Yes, he has. Do you generally go for walks in the evening? Yes, I do. Do you know me? No, I do not know you. Did the carpenter repair that broken chair of yours yesterday? Yes, he did repair it. Do you write with steel pens? No, we write with quill pens. Has he worked the sum correctly? Yes, he has. Did you go to Badulla during the holidays? No, I did not go there.

ඊයේ අපට හම්බවුණේ මේ මිනිහා නොවේද? එහෙමයි. ඔහුට කාසි ඇත්ද? ඔව්, ඔහුට තිබේ. රටේ මහත්මයා ඔහුට කාරත්ටකී වැඩේ ඔහු කළේද? ඔව් ඔහු ඒක කරලාතිබේ. තුඹ පාඨශාලාවෙහි ඉගෙණගන්නාවූ පාඩම්ගැණ තුඹේ පියා සෝදිසි නොකරන්නෙහිද? ඔව්, සෝදිසි කෙරේ. තුඹලා මොන පෑන්වලින් ලියව්ද? අපි පිහාටු පෑන්වලින් ලියන්නෙමු. තුඹලා වානේ පෑන්වලින් නොලියව්ද? නැහැ, අපි වානේපෑන් වලින් නොලියමු.

LESSON 35—තිස්පස්වෙනි පාඩම.

COMPLEX SENTENCES.

Sentences containing noun clauses.

That, whether, who, when, where, how, what.

"I know *that he did this*" ඔහු ඒක කළබව මම දනිමි.

"*That you know it* is clear," තුඹ ඒක දන්නබව පැහැදිළියි.

"I do not know *whether she did it*."

ඈ ඒක කළාද නැද්ද (යනබව) මම නොදනිමි.

"I know *who did that*," ඒක කළේ කව්දැයි මම දනිමි.

"I wish to know *when he will come*."

ඌ කවදා එන්නේද (කියා) මම දැනගන්ට කැමැත්තෙමි.

"I know *where it was done*."

ඒක කරණලැබුවේ කොතැන්හිදැයි මම දනිමි.

"I do not know *how you escaped*."

තුඹ කෙසේ ගැලවුනෙහිදැයි නොදනිමි.

"I do not know *what you say*."

තුඹ කුමක් කියන්නෙහිදැයි නොදනිමි.

WORDS.

Easily, පහසුවෙන්.
Earth, පෘථිවිය.
Round, වටකුරු.
Gentleman, මහත්මයා.
Cannot, බැහැ.
Generally, සාමාන්‍යලෙස.
America, අමරිකාව.
Uncertain, අනුමානය.
Undertaking, වැඩේ.
Difficulty, අසීරුව.
Still, තවම.
Ungrateful, කෘතොපකාර නොසලකන.
Doubt, අනුමානය.
Insane, උමතු.
Where, කොතැන්හිද.
How, කෙසේද.
Escape, ගැලවිල්ල.
Mystery, රහස.
Letters, අකුරු.
Perceive, හැඟෙණවා.
Doubtful, අනුමානවූ.
Recover, සුවවෙනවා.
Beforehand, කලින්.
Use, ව්‍යවහාරය.
Shew, පෙන්වනවා.
Expect, බලාපොරොත්තු වෙනවා.
Believe විශ්වාසකරණවා.
Remember, මතකතිබෙනවා.

Exercise 35.

It may easily be shewn that the earth is round. Tell the gentleman how old you are. Where we are I cannot tell. I have no doubt that the man is insane. I am sure that he will not come. How he made his escape is a mystery. It is generally believed that they were first brought from America. When the letters first came into use is uncertain. It was easy to perceive how great were the difficulties of the undertaking. Whether his sister will recover is still doubtful. No man knows beforehand at what time he will die. Do you remember when we first met.

පෘථිවිය වටකුරුබව මම විශ්වාසකරමි. ඒ මිනිහා ගැලවුනේ කොහේදැයි ඔව්හු නොදනිත්. ඒක සිදුවුනේ කොතැන්හිදැයි මට කියනු. ඔහුගේ පොත කව්රු සොරකම්කරණ ලදදැයි අපි දනිමු. ඒ මිනිහා කෙසේ ගැලවුනිදැයි නොදනිමි. මගේ පියා හෙට එන්නේයයි සිතමි. තුඹ කවදා ඒක කරන්නෙහිදැයි දැන ගන්ට කැමැත්තෙමි. මම කොතැන්හි ඉපදුනෙම්දැයි නොදනිමි.

LESSON 36—තිස්හය වෙනි පාඩම.

Sentences containing Adjective Clauses.

Who, which, that, where, wherein, why, when.

The man who is generous will be honoured.
තෲගිව නත මනුෂ්‍යයා නම්බුකරණු ලබන්නේය.

He broke the knife which you gave him.
තුඹ දුන්නාවූ පිහියේ ඌ කැඩුවේය.

This is the book that you were reading.
තුඹ කියවමින් සිටියාවූ පොත මේකයි.

The country wherein they dwell, was fertile.
ඔවුන් පදිංචිව සිටියාවූ රට සශ්‍රිකව තිබුනේය.

The reason why he came is obvious.
ඌ ආවේ මක්නිසාද යන කාරණය පැහැදිලිය.

I know the house where you live.
තුඹ පදිංචිව සිටින්නාවූ ගෙය දනිමි.

He did not tell me the day when he would come.
උන්නැහේ එන්නේ කවදාද (යනබව) මට නොකීවේය.

Words.

Poet, කාව්‍ය කර්තෘ.
Nothing, කිසිත් නැහැ.
Spot, ඉඩම.
Duly, නිසිආකාර.
Pass, පසුකර යනවා.
Hear, අසනවා.
Depart, පිටත්වෙනවා
Deed, ක්‍රියාව.
Tank, වැව්.
Fix, නියමකරණවා.
Stand, හිටිනවා.
Place, ඉඩම.
Holy, ශුඬවූ.
Ground, භූමිය.
Budha, බුදුන්.
Visit, දකින්ට යනවා.
Reason, අභිප්‍රාය.
Construct, සාදනවා.

Exercise 36.

The place whereon thou standest is holy ground. Here is the house in which the poet lived. Do you know that man whom we have just passed. I have heard nothing which I did not know before. The hour at which we were to depart was duly fixed. The dog which your brother had given me died last night. Did you post the letter which I gave you yesterday. What do you think of the field which I bought. We shall one day learn what now we cannot know. There are some who say that Budha never visited Ceylon. This is the very spot where the deed was done. I will tell you the reason why I acted so.

තුඹ සැදුවාවූ ගෙය මේක නොවේ. ටික කලකට ඉස්සර මගේ මව් පියන් විසින් පදිංචිව සිටියාවූ ගෙය ජුවානිස් සිල්වා මිලේට ගත්තේය. සොරුන් විසින් අඩත්තේට්ටම් කරණලැබූවාවූ මිනිස්සු දෙදෙනා අද උදේ මළෝය. මාවිසින් ලියනලද කොපිය මෙහි නැත්තේය. වැඩකාරයා ලවා අරිණලද්දාවූ ලියුම් සියල්ලම මම කියෙව්වෙමි. මගේ පියා කළුතරදී මිළයට ගත්තාවූ පෙට්ටිය කිසිවෙක් සොරකම්කළේය. දුටුගැමුණු රජ සැදුවාවූ වැව් බොහෝ ගණනක්තිබේ.

LESSON 37—තිස්හත් වෙනි පාඩම.

SENTENCES CONTAINING ADVERBIAL CLAUSES RELATING TO TIME.

When, before, after, while, since, ere, until.

Every one listens when he speaks.
ඔහු කථාකරණකල සැමදෙනාම ඇහුම් කන් දෙයි.

I saw him before he went. ඔහු යන්ට ප්‍රථම මම ඔහු දුටුවෙමි.

He never spoke after he fell.
ඔහු වැටුනාසින්පසු කිසිකලක කථා නොකළේය.

He read while I wrote. මාවිසින් ලියනකල්හි ඔහු කියෙව්වේය.

I have not seen him since he left the school.
පාඨශාලාවෙන් අත්ඇරුණට පසු මම ඔහු නොදැක්කෙමි.

I left home just as the news arrived.
ආරංචිය ලැබෙනකොටම මම ගෙදරින් ගියෙමි.

I stood there until the boy wrote the letter.
ළමයා ලියමන ලියනතුරු මම එහි සිටියෙමි.

Words.

Jesus Christ, ජේසුස් ක්‍රිස්තුස් වහන්සේ,
Temple, දේව මාලිගාව.
Brethren, සහෝදරයෝ.
Crocodile, කිඹුලා.
Relations, නෑයෝ.
Thus, මෙයාකාර.
Sick, ලෙඩවූ.
River, ගඟ.
Get up, නැගිටිනවා.
Cross, එගොඩවෙනවා.
Destroy, විනාසකරණවා.
Remained, නැවතිසිටියා.
Intend, කල්පනාකර ගණ සිටිනවා.
Cut down, කපාදමනවා.
Bathe, නානවා.
Meet, සම්මුඛවෙනවා.

Exercise 37.

When Jesus Christ was twelve years of age, he went into the temple with his brethren. I get up when the sun rises. I destroyed the letter after I had read it. I left Kandy before the news arrived. They were in the garden until the trees were cut down. I have remained here since you left me. He intends visiting his relations before he leaves Colombo. Learn while you are young. While the boy was talking thus the master came into the room.

ඔහු එනකල් මම එහි සිටියෙමි. ඔහු නුවරගියාට පසු අපට ලියුම් එව්වේනැහැ. ඊයේ රාත්‍රියේ ගෙදර යනකොට මට හොරෙක් සම්මුඛවුනේය. ඔහු කියෙව්වාට පසු මම පොත ගත්තෙමි. තුම්ලා ගියාට පස්සේ අපි ගඟට නාන්ට ගියෙමු. ඈ අද උදේ පාඨශාලාවට යද්දී තුඹේ සහෝදරයා මට සම්මුඛවුනේය. මේ මිනිහා මාවිසින් දුටුදා පටන් ලෙඩින්ඉඳී. ආරංචිය ලැබුන කඩිනම්න්ම මිනිස්සු සියල්ලෝම ඒ ස්ථානයෙන් ගියෝය. ඔහු ගමට එන්ට දවස් දෙකකට ඉස්සර ඒ මිනිහා ගොස්න් සිටියේය.

LESSON 38—තිස්අට වෙනි පාඩම.

Sentences containing Adverbial Clauses relating to Place.

Wherever, whither, where, from whence.

He is still standing where I left him.
මාවිසින් සිටවා ආ තැන ඔහු තවම සිටී.
I will remain wherever you desire.
තුඹකියන කොයියම් තැනකනමුත් මම නවතින්නෙමි.

Whither I go ye cannot come.
මම යන තැනට තුඹලාට එන්ට නුපුළුවන.

He returned from whence he came.
ඔහු හිටලා ආ තැනටනැවත ගියේය.

WORDS.

Means, වුවමනාදේ.
Party, කණ්ඩායම.
Immediately, එවේලේම.
Carcass, මළකඳ.
Eagle, රාජාලියා.
Fool, මෝඩයා.
Angel, දේව දූතයා.
Shade, සෙවන.
Gampola, ගම්පල.
Together, එකට.
Wish, කැමති.
Set out, පිටත්ව යනවා.
Gather, එකතුවෙනවා, රැස් වෙනවා.
Rush in, පනිනවා.
Tread, පාගණවා.
Sowed, වපුළා.
Plant, හිටවනවා.
Follow, පසුව යනවා.
Rest, නවාතැන්ගන්නවා.
Desire, ඕනෑකරණවා.

—

Exercise 38.

He has the means of travelling wherever he wishes. The party immediately returned whence it had set out. Where the carcass is, there will the eagles be gathered together. Fools rush in where angels fear to tread. I will go wherever you wish. Where you have not sowed you cannot reap. He planted the trees where they will have no shade. Wherever you go I will follow you. In the evening we reached Gampola, where we rested. I will remain wherever you desire. Whither I go ye cannot come. He returned from whence he came.

ඌ ඒක තබාපු තැනම (ඒක) තවම තිබේ. මම නැවත නොඑන තැනට යන්නෙමි. තුඹ යන්නේ කොතන නමුත් මම පසුව එන්නෙමි. ඔහුයන තැනට මට යන්ට නුපුළුවන්නේය. මගේ මිත්‍රයා (ඔහු) සිටලා ආතැනට නැවත යන්නේය. මළකුණ කොතැන්හි තිබේද එහි රාජාලියෝ (එකට) රැස්වෙති. තුඹ කොයියම් ස්ථානයකට යන්නෙහිද මම තුඹ පසුව එන්නෙමි. තමුන්නාන්සේ කැමතිඇති කොයියම් ස්ථානයක නමුත් මම නවතින්නෙමි.

LESSON 39—තිස්නව වෙනි පාඩම.

SENTENCES CONTAINING ADVERBIAL CLAUSES RELATING TO MANNER AND DEGREE.

He speaks as he thinks.—ඔහු කල්පනාකරණ ප්‍රකාර කථාකරයි.

She walks as if she were tired.
ඈ වෙහෙස වූවාක්මෙන්ඇවිදී.

He writes so that no one can read.
කිසිවෙකුට කියවිය නොහැකි පරිද්දෙන් ඔහු ලියයි.

William is not so tall as you thought.
විලියම් තුඹ සිතාපු පමණ උස්නොවේ.

The man is so wicked that no one associates with him.
ඒ මිනිහා කොපමණ අධර්මිෂ්ඨද කිවහොත් ඔහුහාසමග කිසිවෙක්ආශ්‍රය නොකෙරේ.

Words.

Young, තරුණ.
Get, ලබාගන්නවා.
Forward, ඉස්සරහට.
World, ලොකය.
Same, එම.
Die, මැරෙණවා.
Dear, අලාබවූ.
Desire, ඕනෑකරණවා.
Bench, බංකුව.
Low, පහත්.
Sometimes, සමහරවිට.
Fierce, රෞද්‍ර.
Tear up, ඉරාදමනවා.
Root, මුල.
Wise, ප්‍රඥවනත.
Secret, රහස.
Live, වාසයකරණවා.
Order, ආඥකරණවා.
Turn out, සිදුවෙනවා.
Expect, බලාපොරොත්තු වෙනවා.

Exercise 39.

Learn while you are young, so that you may get forward in the world. We must walk as quickly as we can. My friend acted in the same way as I did. As a man lives so he will die. He spoke so low that he could not be heard. Sometimes the storms are so fierce that they tear up trees by the roots. These oranges are so dear that nobody buys them. Many a man writes a letter, so that no one can read it. He is as rich as his brother. He is not so wise as he thinks. I will do as you desire. I am not such a fool as to tell him my secret. He is not so rich as he once was.

ඇට මේ නෑගා දූත් නෝනා මා පමණ පොහොසත් නොවේ. ඇගේ පුරුෂයා ඉතා ලොකු පොහොසතෙක් මෙන් කල් කෙරේ. මේ පාඨශාලාවෙහි උගන්වන ගුරුවරයා කිසිවෙකුට කියවිය නොහැකිලෙස ලියයි. තමුන්නාන්සේ ආඥකළ හැටියට චඬුවා බංකුවසාද නෑත්තේය. තුඹ කල්පනාකරණ පමණ තුඹ ප්‍රඥවනත නොවෙයි. මා බලාපොරොත්තු වූනාක් මෙන් ඒක සිදුවූනේය. තුඹ විලියම් පමණ සමර්ථ නොවෙයි. ඒ මිනිහා ?ාපමණ උසයි.

LESSON 40—හතළිස්වෙනි පාඩම.

ADVERBIAL SENTENCES RELATING TO CAUSE.

He did not go, because he was not well.
අසනීපයෙන් සිටිබැවින් නොගියේය.

He must have the pen-knife, for he was using it yesterday.
පෑන පිහියේ ඔහු ඊයේ පාවිච්චිකළබැවින් ඒක ඔහු ළඟ තිබෙන්ට ඕනෑය.

PURPOSE AND CONSEQUENCE.

He labours that he may become rich.
පොහොසත්වන පිණිස ඔහු වැඩකරන්නේය.

Study that you may improve.
දියුණුවෙන පිණිස ඉගෙණගණිව්.

WORDS.

Voice, ශබ්දය.
Lungs, පෙනහල්ල.
Because, නිසා, බැවින්.
Money, කාසි, මුදල්.
For, නිසා, බැවින්.
Ostrich, පැස්බරා.
Proportion, ප්‍රමාණය.
Pay, ගෙවනවා.
Suffer, විඳිනවා.
Punish, දඬුවම්කරණවා.
Improve, දියුණුවෙනවා.
Study, ඉගෙණගන්නවා.
Well, සනීපයෙන්.
Injure, රිදවනවා.

Exercise 40.

He did not pay me, because he had no money. He could not have seen me, for I was not there. I must not give you the book, for it is not mine. Fishes have no voice, because they have no lungs. The boy cannot write, because he has injured his hand. Honor thy father and mother that it may be well with thee. The ostrich is unable to fly, because it has no wings in proportion to its body. We eat that we may live.

මගේ සහෝදරයා ඊයේ පාඨශාලාවට නොගියබැවින් දඬුවම් කරණු ලැබුයේය. ජීවත්වනු පිණිස කව්. මට පෑනක් නැති බැවින් ලියන්ට නොහැක්කෙමි. ගුරුවරයා අසනීපයෙන් සිටි බැවින් මම ඊයේ පාඨශාලාවට නොගියෙමි. දියුණුවන පිණිස ඔව්හු ඉගෙණ ගණිත්. පොහොසත්වන පිණිස වැඩකරව්. පක්ෂීන්ට පියාපත් ඇතිබැවින් පියාසර කරත්. මත්සයන්ට පෙනහල්ල නැතිබැවින් ශබ්දය නැත්තේය.

LESSON 41—හතලිස්එක්වෙනි පාඩම.

ADVERBIAL CLAUSES RELATING TO CONDITIONS.

If, unless, except, though, although.

If your work is finished, give it to me.
උඹේ වැඩේ ඉවරනම් මට දියන්.

Unless you obey, you will be punished.
තුඹ කීකරු නොවෙතොත් දඬුවම්කරණු ලබන්නෙහිය.

Though he was there I did not see him.
ඔහු එහි සිටියනමුත් මම නොදැක්කෙමි.

Although he is rich, he is not contented.
ඔහු පොහොසත් නමුත් තෘප්තියට නොපැමිණ සිටී.

WORDS.

If, නම්.
Although, නමුත්.
Unless, මිස, විනා.
Heaven, ස්වර්ගය.
Arrive, ලඟාවෙනවා, පැමිණෙනවා.
Late, ප්‍රමාද.
Suffer, විඳිනවා.
Account, ප්‍රවෘත්තිය.
Out, පිටත.
Undoubtedly, නිසැකව.
Pity, අනුකම්පාකරණවා.
Crime, අපරාධය.
Punishment, දඬුවම.
Rich, පොහොසත්.
Content, තෘප්තියට පැමිණෙනවා.
Learned, උගත්.
Famous, ප්‍රසිද්ධ.
Rains, වර්ෂාව වසිනවා.

Exercise 41.

If he is at home I shall come. He was there although you did not see him. "If we shall say from heaven, he will say, why then did ye not believe him?" If he does not arrive before next week, he will be too late. God is ever present although we never see him. If you do that you will suffer for it. If this account is true the man is much to be pitied.

ඔහු ඒක කලොත් දඬුවම් කරණුලබන්නේය. හිරකාරයා ඒ අපරාධය කළේනම් දඬුවම් විඳින්ට වටී. අප නොසලකා සිටින නමුත් මරණය නිසැකව පැමිණෙන්නේය. අපි පොහොසත් නමුත් තෘප්තියට නොපැමිණෙමුය. ඒ මිනිහා උගත් නමුත් ප්‍රසිද්ධ නැත්තේය. හෙට වර්ෂාව වැස්සොත් අපට පිටත යන්ට නුපුළුවන්වේ.

LESSON 42—හතළිස්දෙවෙනි පාඩම.

GERUNDS.—භාව ක්‍රියා.

භාවක්‍රියා ශබ්දයන්ට මුසුකිරීයට තිසිවූ ing ප්‍රත්‍යය ඇත්තේවී නමුත් යෙදිමේ වෙනස මතු දක්වන උදාහරණයන් ගෙන් පෙනීයේ.

The reading is good, කියවීම හොඳයි.

He likes reading, ඔහු කියවීමට සතුටුයි.

By the preaching of Paul.

පාවුල්ගේ දෙසනාකිරීම කරණකොටගෙණ.

The land suitable for the planting of trees.

ගස් ඉන්දීමට යොග්‍යවූ ඉඩම.

WORDS.

Reading, කියවීම.
Preaching, බන දෙසීම.
Planting, හිටවීම.
Suitable, යොග්‍යවූ.
Route, මාර්ගය.
Fond, ප්‍රියවූ.
Mind, සිත.
Begging, හිඟාකෑම.
Friend, මිත්‍රයා.
Keeping, තැබීම, පිළිපැදීම.
Commandment, ආඥාව.
Reward, ත්‍යාගය.
Officer, මුලාදෑනියා.
Leading, ගෙණයනවා.
Troops, හේවා සමුදුව.
Action, සටන, ක්‍රියාව.
Recollection, සිහිකිරීම.
Judge, විනිශ්චයකාරයා.
Centre, මධ්‍යය.
Group, සමූහය, රංචුව.
Figure, රූපය.
Occupy, භුක්තිවිඳිනවා.
Candle, ඉටිපන්දම.
Hate, තුරුස්සනවා.
Unacquainted, නොදත්.
Struggle, දඟලනවා.
Spend, වියදම්කරණවා.
Growing, වැවීම.

Exercise 42.

I like reading. We arrived there first by taking a shorter route. He is fond of improving his mind. He lives by begging from his friends. In keeping thy commandments there is great reward. The officer fell while leading his troops into action. What do you think of my horse's running? I have some recollection of his father's being judge. The centre of the group was occupied by a figure holding a candle. I hate lying. If we fall into water, and are unacquainted with the art of swimming, we should not struggle. When he was only seven years of age, he was fond of looking at the sky by night.

බොරුකීම මට තුරුස්සන්නේය. ඔහු කියවීමෙන්ද, ඉගෙණගැණීමෙන්ද, සක්මන් කිරීමෙන්ද තමන්ගේ කාලය ගත කෙරේ. ඔවුන්ගේ කියවීම සහ ලිවීම හොඳ නොවේ. මේ

ඉඩම කුරුඳු වැවීමට යොග්‍ය නොවේ. නුඹලාගේ කොළඹ නැවතීමෙන් මට කිසි ප්‍රයෝජනයක් නොලැබුනේය. ඇගේ ගිනිකාතිර්මගැණ කිසිවෙක් සැදවූ නුදුටුයේය.

LESSON 43—හතලිස්තුන් වෙනි පාඩම.

COMPOUND SENTENCES.

Either, or, neither, nor, but, and.

Either you or I must go, උඹවත් මමවත් යන්ට ඕනෑ.

Neither James nor John was present.
ජේම්ස්වත් ජෝන්වත් ඉදිරිපිට නොසිටියේය.

He is happy but I am not.
ඔහු සැප ඇත්තෙක්ය නුමුත් මම (එසේ) නොවෙමි.

You and I must go, නුඹත් මාත් යන්ට ඕනෑ.

WORDS.

Coat, කබාය.
Quickly, ඉක්මනට.
Needle, ඉදිකටුව.
Garments, ඇඳුම්.
Quiet, නිශ්ශබ්දවූ.
Awl, බුරුමය.
Sew, මහනවා.
Leave, අත්හැරයනවා.

Exercise 43.

He will either bring it himself or send it by the servant. Give him either a hat or a coat. Neither the boy nor the girl could read the letter. He will come neither to-day nor to-morrow. You must either be quiet or leave the room. Neither John nor his brother was present. He wrote the letter quickly but well. My brother and sister came to see me this morning. They had neither awls for making shoes nor needles for sewing their garments.

ඒ පොත එක්කෝ මමම ගෙණෙන්නෙමි නැත්නම් වැඩකාරයාඅත එවන්නෙමි. නුඹේ සහෝදරයාට කියවන්ටවත් ලියන්ටවත් බැහැ. ඔහු ඇගේ පිහියේ ගත්තේවත් දුටුවේවත් නැහැ. ඈ ඒක එක්කෝ හොරකම් කළා නැත්නම් හොරෙකුගෙන් මිලේට ගත්තා. මම ඊයේ මගේ ගල්ලෑල්ලත් පැන්සලෙත් නුඹේ මේසේඋඩ තිබෙද්දී ගියෙමි. මේ කුරුල්ලාට පියාසර කරන්ට බැහැ, නුමුත් ඌට දුවන්ට පුළුවනි. එක්කෝ නුඹවත් නැත්නම් නුඹේ සහෝදරයාවත් හෙට පල්ලියට යන්ට ඕනෑ. පල්ලියට එක්කෝ මම යන්නෙමි නොහොත් මගේ සහෝදරයා අරින්නෙමි.

APPENDIX.

Conduct Towards Animals.

There are many harmless little animals, as flies, lizards, worms and frogs, which some people torture and kill whenever they see them. We ought not do so, because it is wrong to cause unnecessary pain to any creature. Besides, from being cruel to little animals, we are led to become cruel to our fellow creatures, and thus by-and-by may do very wicked actions. When we are tempted to hurt or kill any such creatures, we should consider how we should like if any greater being than ourselves were to do the same by us.

Free Translation.

ස තු න් කෙ රෙ හි යු තු ක ම.

මැස්සෝ, හූනෝ, පණුවෝ ආදි අහිංසක කුඩා සත්වයෝ බොහෝසේ සිටිත්. සමහරු උන් දුටුකල වදදී මරාදමති. කිසිවෙකුට නිකරුණේ වදදීම නොසෑහෙණ බැවින් එබන්දක් නොකටයුතුයි. කුඩා සතුන්ට හිංසාකිරීමෙන් මනුෂ්‍යයෝ සවකීය ජාතීන්ට හිංසාකිරීමටත් පුරුදුව පසුව ඉතා දුෂ්ට ක්‍රියාකිරීමටද එලඹෙන්නෝය. මෙබඳු යම් සතෙකුට හිංසාකිරීමට හෝ මැරීමට හෝ අපේ හිත් පැලඹෙන කල්හි වඩා ශක්ති සම්පන්න කෙණෙක් අපට එසේ කරනම්. අප ඊට නොසතුටුවන බව සැලකිය යුතුයි.

VOCABULARY.

A.

Abandon, අත්අරිණවා.
Able, පුළුවන්.
About, ගැණ, පමණ, එහාමෙ
Above, ඉහළ. [හා.
Absence, ඉදිරිපිට නොසිටීම.
Absent, ඉදිරිපිට නැති, නොපැ
මිණ සිටිනවා.
Accept, පිළිගන්නවා.
Accident, අහම්බය.
Accompany, සම්ගිව යනවා.
Accomplish, ඉෂ්ටකරණවා.
Account, ප්‍රවෘත්තිය.
Ache, රුජව, *v.* කකියනවා.
Acknowledge, *v.* ඒත්තුගන්න
Acquit, *v.* නිදොස්කරණවා.[වා.
Across, *adv.* හරහ.
Act, *v*, ක්‍රියාකරණවා.
Active, *a.* කර්තෘකාරක.
Action, *n.* ක්‍රියාව, සටණය.
Adam's Peak, සමනල කන්ද.
Adjective, *n.* විශෙෂණ.
Admission, *n.* භාරගැණීම.
Advice, *n.* දනුමැතිකම.
Adverb, *n.* ක්‍රියා විශෙෂණ.
Affair, *n.* කාරණව.
Afraid, *adv.* භයවූ.
After, *prep.* පසුව, පස්සේ.
Afterwards, *adv.* පසුව.
Afternoon, *n*, පස්වරු.
Again, *adv.* නැවත.
Against, *prep.* විරුඩව.
Age, වයස.
Ago, *adv.* ඉස්සර.

A.

Alike, *adv.* සමාන.
All, *a.* සියලු.
All day, *adv.* දවස මුළුල්ලේ.
Almirah, අල්මාරිය.
Alone, *adv.* තනිව.
Along, *adv.* දිගේ.
Aloud, *adv.* හඩියෙන්.
Alter, *v* වෙනස්කරණවා.
Although, *coj.* නමුත්.
Altogether, *adv.* සහමුලින්.
Always, *adv.* නිතර.
Among, *adv.* අතරේ.
Ancient, *a.* පුරාණ.
Angel, *n.* දේවදූතයා.
Animal, *n.* සත්වයා.
Another, *adv.* වෙන.
Answer, *v.* උත්තර දෙනවා.
Ant, *n.* කුහුඹියා.
Any, *a.* යම්.
Anything, *n.* කිසිදෙයක්.
Appear, *v.* පෙණෙනවා.
Appoint, *v*, පත්කරණවා.
Approach, *v.* ලඟාවෙනවා.
April, *n.* බක්මස..
Arecanut, පුවක්.
Around, *prep.* and *adv.* හාත්පස·
Arrive, පැමිණෙනවා, ලඟාවෙ
As, වගේ, නිසා, ප්‍රකාර,[නවා.
Ask, අහනවා.
Ass, කොටළුවා.
Assault, අඩන්තේට්ටම් කර
ණවා.
Assist, උපකාරකරණවා.

A.

At, යෙහි, දී, ට.
At once, එකවරම.
Attempt, උත්සාහකරනවා.
Attend, සේවයකරනවා.
Awl, බුරුමය.
Awake, පිබිදෙනවා.
Away, අහක.

B.

Bad, නරක.
Badly, නරකට.
Bag, මල්ල.
Baker, පාන්කාරයා.
Ball, බෝලය.
Bank, ඉවුර.
Barber, පනික්කියා.
Bark, බුරණවා.
Basket කූඩේ.
Bathe, නානවා.
Beat, ගහනවා, තලනවා.
Beautiful, ලස්සණ.
Because, නිසා.
Become, වෙනවා.
Bed, ඇඳ.
Beef, හරක්මස්.
Beforehand, කලින්.
Before, ඉස්සර.
Beg, ඉල්ලනවා, හිඟනවා.
Beggar, හිඟන්නා.
Beginning, පටන්ගැම්ම, මුල.
Believe, විශ්වාසකරණවා.
Bell, සීනුව.
Belong, අයිති.
Bench, බන්කුව.
Between, අතරේ.
Best, ඉතා හොඳ.
Big, ලොකු.

B.

Bird, පක්ෂියා.
Bite, හපාකණවා.
Black, කළු.
Blacksmith, ආචාරියා.
Blind, අන්ධවූ.
Blind-man, අන්ධයා.
Blue, නිල්
Boat, ඔරුව.
Body, ශරීරය.
Boil, තම්බනවා.
Book, පොත.
Both, දෙකම.
Bottle, බෝතලය.
Boy, ලමයා.
Box, පෙට්ටිය.
Branch, අත්ත.
Bread, පාන්.
Break, කඩණවා.
Breakfast, උදේ කෑම.
Brick, ගඩොල.
Bridge, පාලම.
Bring, ගෙණෙනවා.
Broken, කැඩුණවූ.
Brother, සහෝදරයා.
Brush, කොස්ස.
Build, ගොඩනගණවා,
Bull, ගොණා.
Buddha, බුදුන්.
Burn, පුළුස්සනවා.
Bundle, පොදිය.
Bush, පඳුර.
Business, වැඩේ, කර්මාන්තය.
But, නමුත්.
Butter, වෙඬරු.
Buy, මිළේට ගන්නවා.
By, විසින්.

C.

Cabbage, ගෝවා,
Calf, වස්සා.
Can, පුළුවන්.
Candle, ඉටිපන්දම.
Call, අඬගසනවා.
Canal, අගල.
Cannot, බැහැ.
Carcase, මළකඳ.
Careful, ප්‍රවේසම්වූ.
Carefully, හොඳකාර.
Carpenter, වඩුවා.
Carry, ගෙණයනවා.
Case, නඩුව.
Cat, බලලා,
Catch, අල්ලනවා.
Cattle, ගවයෝ.
Cause, සලස්වනවා.
Cent, ශතය.
Centre, මධ්‍යය.
Certain, එක්තරා, සැබෑ.
Chair, පුටුව.
Cheap, ලාභවූ.
Chief, ප්‍රධාන.
Child, ළමයා.
Church, පල්ලිය.
Cinnamon, කුරුඳු.
City, නුවර.
Civilized, ගුණධර්මයෙන්දියුණුවූ
Clean, පිරිසිදුවූ.
Clever, සමර්ථ.
Clock, ඔරලෝසුව.
Clothes, ඇඳුම්.
Clothing, ඇඳීම.
Coat, කබාය.
Cocoanut, පොල්.
Collect, එකතුකරණවා.

C.

Colombo, කොළඹ.
Colonial Secretary, මහලේකම් [තැන.
Comb, පනාව.
Come, එනවා.
Commandment, ආඥව.
Commit, කරණවා.
Company, සමාගම.
Complete, සම්පූර්ණකරණවා.
Compound, මීශ්‍ර.
Conduct, කල් ක්‍රියාව.
Confess, වරද කියාදෙනවා.
Consent, කැමැත්ත.
Consider, කල්පනා කරණවා.
Construct, සාදනවා.
Contain, අඩංගුවෙනවා.
Content, සතුටුවෙනවා.
Cook, කෝකියා.
Cooly, කුලීකාරයා.
Copy, කොපිය.
Corpse, මළකඳ.
Correctly, හරිලෙස.
Council, සභාව.
Counsel, අවවාදය.
Cow, එළදෙන.
Creature, සත්වයා.
Crime, අපරාධය.
Crocodile, කිඹුලා.
Crow, කපුටා.
Cross, එගොඩවෙනවා.
Curious, අපූර්ව.
Cut, කපනවා.

D.

Daily, දවස්පතා.
Dark, අඳුරු.
Danger, අනතුර.
Daughter, දුව.

D.

Day, දවස.
Dead, මැරුණවු.
Dear, අලාභ, ප්‍රිය.
Death, මරණය.
Deed, ක්‍රියාව.
Deep, ගැඹුරු.
Delay, ප්‍රමාදවෙනවා.
Deny, නැතකියනවා.
Depart, පිටත්වෙනවා.
Desire, ඕනැකරණවා *n.* කැමැත්ත.
Destroy, විනාසකරණවා.
Die, මැරෙණවා.
Difficult, අමාරුවු.
Difficulty, අසීරුව.
Dirty, කිලුටුවු, කැත.
Disappear, නොපෙනීයනවා.
Dismiss, මාරුකරණවා, පහකරණවා.
Disobey, අකීකරුවෙනවා.
Dispute, වාදකරණවා.
Distance, දුර.
Distant, දුරුවු.
District, පලාත.
Ditch, අගල.
Do, කරණවා.
Doctor, වෙදා.
Dog, බල්ලා.
Donkey, කළුදූවා, බූරුවා.
Door, දොර.
Doubt, අනුමානය, සැකය.
Doubtful, අනුමානවු.
Dozen, දොළහ.
Draw, අදිනවා, ඇදිනවා.
Drink, බොනවා.
Drive, දක්කනවා.
Drunk, බීලා.
Duly, නිසිආකාර.
During, අතර.
Dutch, ඕලන්දක්කාරයෝ.

E.

Each, එක එක.
Eagle, රාජාලියා.
Early, වේලාසන.
Earth, පෘථිවිය.
Easily, පහසුවෙන්.
East, පූර්විග, නැගෙණහිර.
Easy, පහසු.
Eat, කනවා.
Education, ඉගෙණගැණීම.
Egg, බිත්තරය.
Eight, අට.
Eighteen, දහඅට
Eighty, අසූව.
Either, වත්.
Elder, වැඩිමහල්.
Elephant, ඇතා.
Employ, වැඩට පත්කරණවා.
End, කෙළවර, කොණ.
Enemy, සතුරා.
English, ඉංග්‍රීසි.
Enough, සෑහෙණ තරම්.
Enquire, සෝදිසි කරණවා.
Enter, ඇතුල්වෙනවා.
Equal, සමානවු.
Escape, ගැලවෙනවා, ගැලවිල්ල.
Evening, සවස.
Ever, සදාකල්.
Every, සෑම.
Everywhere, සෑමතැනම.
Examination, සෝදිසිය.
Except, මිස, ඇර.
Exercise, ව්‍යායාම.

E.

Expect, බලාපොරොත්තු වෙනවා.
Expel, පිටදමනවා.
Expense, වියදම.
Expensive, වියදම්වන්නාවූ.
Eye, ඇස.

F.

Face, මුහුණ.
Fade, පරවෙනවා.
Fall, වැටෙනවා.
False, බොරුවූ.
Famous, ප්‍රසිද්ධ.
Far, දුර.
Farther, වඩාදුර.
Fat, තරවූ.
Father, පියා.
Fault, වරද.
Fear, භය.
Fence, වැට.
Fertile, සාරවත්.
Fever, උණ.
Field, කුඹුර.
Fierce, රෞද්‍ර.
Fight, දබරය, යුද්ධය.
Fight, යුද්ධකරණවා, ගහගන්නවා.
Figure, රූපය, ඉලක්කම.
Find, සම්බවෙනවා.
Fine, ලක්ෂණවූ.
Finger, ඇඟිල්ල.
Finish, නින්දුකරණවා, ඉවර කරණවා.
Firewood, දර.
First, පළමුවෙන්.
Fish, මත්ස්‍යයා.
Fix, නියමකරණවා.
Flog, තලනවා.
Flower, මල.
Fly, පියාසරකරණවා.
Fly, මැස්සා.
Follow, පසුවයනවා.
Fond, ප්‍රියවූ.
Food, ආහාර, කෑම.
Fool, මෝඩයා.
Foolish, මෝඩවූ.
Foot, අඩිය.
For, නිසා, මක්නිසාද.
Forenoon, පෙරවරු.
Former, පළමු.
Forward, ඉස්සරහට.
Fowl, කුකුළා.
Fox, නරියා.
Frequently, බොහෝවිට.
Fresh, අලුත්.
Friend, මිත්‍රයා.
Frighten, භයගන්වනවා.
Frog, මැඩියා.
From, කෙරෙන්, ගෙන්.
Fruit, ඵලය.
Future, මතු.

G.

Garden, වත්ත.
Garment, ඇඳුම්.
Gate, දොරටුව.
Gather, රැස්වෙනවා.
Generally, වැඩිකොට, සාමාන්‍ය ලෙස.
Gentleman, මහත්මයා.
Geography, පෘථිවිශාස්ත්‍රය.
Gerunds, භාවක්‍රියාව.
Get, ලබාගන්නවා.
Get up, නැගිටිනවා.
Ghost, අවතාරය.
Girl, ගෑණුලමයා.

G.

Give, දෙනවා.
Gladly, සතුටින්.
Glass, වීදුරුව.
Go, යනවා.
Goat, එළුවා.
God, දෙවියෝ.
Gold, රත්රන්.
Good, හොඳ.
Goose, පාත්ති.
Grammar, ව්‍යාකරණ.
Grandfather, සීයා.
Grandmother, ආච්චි.
Grass, තණකොළ.
Great, මහත්, ලොකු.
Ground, පොළව.
Grow, පැලවෙනවා, වැවෙනවා.
Gun, තුවක්කුව.

H.

Had, තිබුනා.
Hair, ලොම්, හිසකෙස්.
Hand, අත.
Happy, සැපවත්, සැපඇති.
Hard, තද, බරපතළ.
Hardly, අසීරු, අමාරුවෙන්.
Hare, හාවා.
Hat, තොප්පිය.
Hate, කුරුස්සනවා.
Have, තිබෙනවා.
He, ඔහු, උන්නැහේ.
Head, හිස.
Hear, අහනවා.
Heaven, ස්වර්ගය, ආකාශය.
Heavy, බරඳ.
Help, උදව්වෙනවා.
Hen, කිකිළි.
Here, මෙහි.

H.

High, උස්වූ.
Hill, ගොඩැල්ල.
Hole, සිදුර.
Holidays, නිවාඩු දවස්.
Holy, ශුඩවූ.
Home, ගෙදර.
Honey, මී පැනි.
Horn, අඟ.
Horse, අශ්වයා.
Hot, උෂ්ණ.
Hour, පැය.
House, ගෙය.
How, කෙසේද.
How many, කීයක්ද.
How much, කොපමණද
Husband, ස්වාමිපුරුෂයා.

I.

I, මම.
Idle, කම්මැලි.
If, නම්.
Ill, අසනීපවූ.
Immediately, එවේලේම.
Immortal, අමරණීයවූ.
Impossible, නුපුළුවන්වූ.
Imprison, හිරඅඩස්සිකරණවා.
Improve, දියුණුකරණවා.
In, තුළ.
Inch, අඟල.
Income, ආදායම.
Induce, මනාපකරවනවා.
Inform, දන්වනවා.
Inhabit, පදිංචිවෙනවා.
Inhabitant, පදිංචිකාරයා.
Injure, රිදවනවා.
Ink, තීන්ත.

I.

Innocent, නිදෝෂ.
Insane, උමතු.
Instruction, ඉගැන්වීම.
Intend, කල්පනාකරණවා.
Investigate, විභාගකරණවා.
Iron, යකඩ.

J.

Jackal, හිවලා.
Join, එකතුකරණවා.
Journey, ගමන.
Judge, විනිශ්චයකාරයා.
July, ඇසළමස, ජුලිමස.
June, පොසොන්මස, ජූනිමස.
Jungle, කැලෑව.
Just now, මේ දැන්.

K.

Kandy, මහනුවර.
Keep, තිබාගන්නවා.
Key, යතුර.
Kill, මරණවා.
King, රජ්ජුරුවෝ.
Kitchen, කුස්සිය.
Kite, සරුන්ගෝලේ, උකුස්සා.
Kneel, දනගහනවා.
Knife, පිහියේ.
Know, දන්නවා.

L.

Lad, කොල්ලා
Lady, ලමාඑතනි.
Lame, කොරවූ.
Lamp, පාන.
Land, බිම. ඉඩම.
Large, විශාලවූ.
Late, ප්‍රමාදවූ.
Lazy, අලසවූ.
Lead, ඊයම්.
Lead, ගෙණයනවා.

L.

Learn, ඉගෙණගන්නවා.
Learned, උගත්.
Leave, අත්හැරයනවා.
Length, දිග.
Less, අඩු.
Letter, අකුර, ලියමන.
Library, පොත්ගුල.
Lie, බොරුව.
Life, ජීවිතය.
Like, කැමතිවෙනවා.
Lion, සිංහයා.
Listen, ඇහුන්කන්දෙනවා.
Little, පුංචි.
Live, ජීවත්වෙනවා.
Live, වාසයකරණවා.
Lizard, හූණ.
Loaf, පාන්ගෙඩිය.
Long. දික්වූ.
Look, බලනවා.
Lose, නැතිකරණවා.
Loss, නැතිවීම, අලාභය.
Loud, උස්හඬින්.
Love, ආදරේවෙනවා.
Low, පහත්.
Lungs, පෙනහල්ල.

M.

Mad, පිස්සු.
Magistrate, මහෙස්ත්‍රාත්තැන.
Make, සාදනවා.
Man, මනුෂ්‍යයා.
Mango, අඹ.
Manner, ආකාරය. හැටිය
Many, බොහෝ.
Map, සිතියම.
March, මාර්තුමස.
Mark, සලකුණ.

M.

Mason, පෙදරේරුවා.
Master, ගුරුවරයා, ස්වාමියා.
Mat, පැදුර.
May, මැයිමස.
Meadow, පිට්ටනිය.
Means, වුවමනාදෙය.
Meat, මස්.
Meet, සම්බවෙනවා.
Mile, හැතැප්ම.
Milk, කිරි.
Million, දශලක්ෂය.
Mind, හිත.
Mine, මාගේ.
Minute, විනාඩිය.
Mistake, දෙෂය.
Mix, කලවන්කරණවා.
Money, මිල, කාසි.
Month, මාසය.
Moon, චන්ද්‍රයා, සඳ.
More, වැඩිවූ.
Morning, උදය.
Most, ඉතා.
Mother, මව්.
Mountain, කන්ද.
Move, හැසිරෙණවා.
Much, බොහෝ.
Murder, මිනිමැරීම.
Museum, කෞතුකාගාරය.
Must, ඕනෑ.
Mystery, රහස.

N.

Nail, නියපොත්ත, ඇනය.
Name, නම.
Near, ලග.
Nearly, කිට්ටුව.
Neck, කුලල.
Needle, ඉදිකටුව.
Neighbour, අසල්වාසියා.
Nephew, බෑනා.
Nest, කූඩුව.
Never, කවදාවත් නැහැ.
New, අලුත්.
News,ආරංචිය.
Next, ඊලග, ලඟින.
Nice, කදිම.
Night, රාත්‍රිය.
Nine, නවය.
Ninety, අනූව.
No, නැහැ.
Noise, ඝෝෂාව.
Noon, දවාල.
North, උතුර.
Northern, උතුරු.
Nose, නාසය.
Not, නැහැ.
Nothing, කිසිත් නැහැ.
Noun, නාමවචනය.
November, නොවැම්බර්මස.
Now, දැන්.
Number, ගණන.

O.

Obedient, කීකරු.
Obey, කීකරුවෙනවා.
Obtain, ලබාගන්නවා.
Occupy, භුක්තිවිඳිනවා.
Ocean, සමුද්‍රය.
O'clock, කනිසම, වේලාව.
October, ඔක්තෝබර්මස.
Off, අහක.
Office, නිලය, කන්තෝරුව, බූරය.
Officer, මුලාදෑනියා.
Often, බොහෝවිට.

O.

Oil, තෙල්.
Old, පරණ, නාකි.
Omit, අත්අරිනවා.
On, උඩ, පිට.
Only, පමණක්.
Open, අරිනවා.
Or, නොහොත්.
Orange, පැනිදොඩම්.
Order, පිළිවෙළ.
Order, ආඥාකරනවා.
Ostrich, පැස්බරා.
Other, අනික්.
Ought, ඕනෑ.
Our, අපේ.
Out, පිටත.
Overtake, කිට්ටුකරනවා.
Ox, හරකා.
Oyster, කාවාටියා.

P.

Paddy, වී.
Page, පිට.
Pair, කුට්ටම.
Paper, කඩදසි.
Papers, ලියවිලි.
Parcel, පොට්ටනිය.
Parents, මවුපියෝ.
Party, කණ්ඩායම.
Pass, පසුකර යනවා.
Passive, කර්මකාරක.
Past, පසුවූ. අතීත.
Patiently, ඉවසිල්ලෙන්.
Pay, ගෙවනවා.
Pen, පෑන.
Pencil, පැන්සලේ.
People, මිනිස්සු,
Perceive, හැඟෙනවා.

P.

Perhaps, සමහරවිට.
Permission, අවසරය.
Permit, අවසර දෙනවා.
Petition, ඉල්ලුම් පත්‍රය.
Petitioner, ඉල්ලුම්කාරයා.
Picture. පින්තූරය.
Piece, කෑල්ල.
Pig, ඌරා.
Pigeon, පරවියා.
Pin, අල්පෙනෙත්ත
Pineapple, අන්නාසි.
Pit, වළ.
Pity, අනුකම්පාකරනවා.
Place, ඉඩම.
Plant, පැළෑටිය, හිටවනවා.
Plantain, කෙසෙල්.
Plate, පිඟාන.
Play, සෙල්ලම්කරනවා.
Plough, හානවා.
Pluck, නෙලනවා.
Plural, බහු.
Poem, කාව්‍යය.
Poet, කාව්‍ය කර්තෘ.
Police Magistrate, පොලිස් නඩු කාරතැන,
Poor, දුක්පත.
Portion, කොටස.
Portuguese, පරංගිකාරයෝ.
Post Office, තපල්කන්තෝරුව.
Potatoes, අර්තාපල්.
Pound, රාත්තල.
Pour, වක්කරනවා,
Preach, දෙශනාකරනවා.
Prepare, සූදානම්කරනවා.
Present, ඉදිරිපිට.
Presently, දැන්ම.

P.

Pretty ලක්ෂණ.
Prison, සිරගේ.
Prisoner, සිරකාරයා.
Prize, තෑග්ග.
Profit, ලාභය. [ව.
Progress, දියුණුවෙනවා, දියුණු
Promise, පොරොන්දුවෙනවා.
Proportion, ප්‍රමාණය.
Provoke, තරහකරණවා.
Public, ප්‍රසිඬ.
Punish, දඬුවම්කරණවා.
Punishment, දඬුවම.
Purchase, මිළේටගන්නවා.
Pursue, ලුහුබැඳයනවා.
Put, තිබනවා, දමනවා.

Q.

Quarrel, දබරකරණවා.
Queen, බිසව.
Quick, ඉක්මන්වූ.
Quiet, නිශ්චලවූ.
Quill pen, පිහාටු පෑන.
Quite, සම්පූර්ණයෙන්.

R.

Rain, වර්ෂාව, වසිනවා.
Rat, මීයා.
Read, කියවනවා.
Reap, ගොයම් කපනවා.
Reason, කාරණව.
Receive, භාරගන්නවා, ලබන
Recollection, මතක්වීම. [වා.
Recover, සුවවෙනවා.
Red, රතු.
Refuse, එපාකරණවා.
Relative, නෑයා.
Remain, නවතිනවා.
Remember, මතකතිබෙනවා

R.

Repair, අලුත්වැඩියාකරණවා.
Reply, ප්‍රත්‍යුත්තරය. උත්තර දෙනවා.
Require, ඕනෑකරණවා.
Rest, පහසුගන්නවා, නවාතැන් ගන්නවා.
Return, ආපසු එනවා.
Reward, තෑග්ග
Rich, ධනවත්ත.
Right, හරි.
Ripe, පැහිච්ච
Rise, නැගිටිනවා.
River, ගඟ.
Road, පාර.
Room, කාමරය.
Root, මුල,
Round, වටකුරු, වටේට.
Route, මාර්ගය.
Run, දුවනවා.
Rupee, රුපියල.
Rush, පැනවදිනවා.

S.

Safe, ප්‍රවේසම්වූ.
Salt, ලුණු.
Same, එම.
Satisfactory, සෑහෙන්නාවූ.
Saturday, සෙනසුරාද.
Say, කියනවා.
Scarce, හිඟවූ,
Scatter, විසුරුවනවා.
School, පාඨශාලාව.
Sea, මුහුද.
Search, සොයනවා.
Season, සෘතුව.
Second, තත්පරය.
Secret, රහස.

S.

See, දකිනවා.
Seek, සොයනවා.
Seize, අල්ලනවා.
Seldom, කලාතුරකින්.
Send, අරිණවා, එවනවා.
Sentence, වාසගම.
Servant, වැඩකාරයා.
Sessions, විභාගවාරය.
Seven, හත.
Seventy, හැත්තෑව
Several, කීප.
Severe, තදබල.
Sew, මහනවා.
Shade, සෙවන.
Sharp, මුවාත්.
She, ඈ
Ship, නැව.
Shoe, සපත්තුව.
Shoemaker, සපත්තුමහන්නා.
Shop, සාප්පුව.
Shop-keeper, සාප්පුකාරයා.
Short, කොටවූ.
Show, පෙන්වනවා.
Sick, ලෙඩවූ.
Sign, ලකුණ.
Silent, නිශ්ශබ්දවූ.
Silver, රිදී.
Since, එවක්පටන්.
Sir, මහත්මයානනි
Sister, සහෝදරී.
Sit, වාඩිවෙනවා.
Sixteen, දහසය.
Sky, අහස.
Slate, ගල්ලෑල්ල.
Sleep, නිදාගන්නවා.
Slow, හුනංගුවූ.

S.

Slowly, සෙමින්, හෙමිහිට.
Small, පුංචි.
So, මෙසේ, මෙබඳු.
Soap, සබන්.
Some, සමහර.
Somebody, කිසිකෙනෙක්.
Something, කිසිදෙයක්.
Sometimes. සමහරවිට.
Son, පුත්‍රයා.
Soon, කඩිණමින්.
Sorry, කනගාටුව.
Sound, ශබ්දය.
South, දකුණ.
Sow, වපුරණවා.
Speak, කථාකරණවා.
Spend, ගතකරණවා, වියදම්ක රණවා.
Spoil, නරක්කරණවා.
Spoon, හැන්ද
Spot, ඉඩම, ස්ථානය.
Stand, හිටිනවා.
Star, තාරකාව, තරුව.
Starve, නිරාහාරවඉන්නවා.
Steal. සොරකම්කරණවා.
Steel, වානේ.
Still, තවම.
Stocks, මේස්.
Stone, ගල.
Stop, නවත්වනවා.
Storm, කුණාටුව.
Straight, ඇදනැති.
Strange, අපූව.
Straw, පිදුරු.
Street, වීථිය.
Strike, ගහනවා.
Strong, ශක්තිමත්, සවිඇති.

S.

Struggle, දඟලනවා.
Study, ඉගෙණගන්නවා.
Submit, යටත්වෙනවා
Suffer, විඳිනවා.
Sugar, සීනි.
Suitable, යොගෑවූ.
Sum, ගණන.
Sun, ඉර, සූර්‍ය්‍යා.
Sunset, ඉරබැසීම.
Sunday, ඉරිදා.
Suppose, කල්පනාකරණවා.
Sweet, මිහිරිවූ.
Swim, පීනනවා.

T.

Table, මේසේ.
Tail, වල්ගය.
Tailor, මහන්නා.
Take, ගන්නවා.
Take place, සිදුවෙනවා
Talk, කථාව, ව කථාකරණවා.
Tall, උස්වූ.
Tame, හීලෑවූ.
Tank, වැව.
Task, පාඩම, වැඩේ.
Tea, තේ.
Teach, උගන්වනවා
Tear, ඉරණවා.
Tease, හිංසාකරණවා. ලෙල්ලම් කරණවා.
Teeth, දත්.
Tell, කියනවා.
Temple, දේවාලගොව.
Tempt, පොළඹනවා.
Ten, දහය.
Tense, කාලය.
That, අර, ඔය, ඒක, ඕක.

T.

Their, ඔවුන්ගේ, ඒවායේ.
Them, ඔවුන්, ඒවා.
Then, එවිට.
Thence, එතනින්.
There, එහි.
These, මේ, මේව.
They, ඔව්හු, ඒවා.
Thief, හොරා.
Thing, ද්‍රව්‍යය, බඩුය.
Think, කල්පනාකරණවා.
This, මේ, මේක.
Those, ඒවා, අරවා, ඕවා.
Thou, තෝ, තුඹ.
Though, නමුත්.
Thought, කල්පනාව.
Thousand, දහස.
Thread, නූල.
Three, තුණ.
Through, හැදින්, ලවා, කරණ කොටගෙණ.
Throw, විසිකරණවා.
Thus, මෙසේ.
Thy, උඹේ, තාගේ.
Tiger, දිවියා.
Till, තුරා, දක්වා.
Time, කාලය
Time-table, කාල සටහන.
Tire, වෙහෙසකරණවා.
To-day, අද.
Together, එකට,
To-morrow, හෙට.
Too, බොහොසෙයින්, පමා, වඩා.
Top, මුදුන.
Torture, වදදෙනවා.
Town, නුවර. [ගීම.
Translation. අන්‍යභාෂාවකට නැ

T.

Tread, පාගණවා.
Treat, උපස්ථානකරණවා.
Tree, වෘක්ෂය.
Troop, සමූහය.
Trousers, කලිසන්.
True, සැබෑවූ.
Trunk, හොඬ.
Turn out, සිදුවෙනවා.
Truth, සැබෑව.
Try, උත්සාහකරණවා, සෝදිසි කරණවා.

U.

Unacquainted, නොදත්.
Uncertain, අනුමාන.
Uncle, මාමා, බාප්පා, මහප්පා
Under, යට
Undergo, දරණවා.
Undertaking, වැඩේ.
Undoubtedly, නිසැකව.
Understand, තේරෙණවා.
Ungrateful, කෘතෝපකාර නොසලකණ.
Unless, විනා, මිස.
Up, උඩ, ඉහළ.
Use, ව්‍යවහාර කරණවා.
Useful, ප්‍රයෝජනඇති.
Usually, සිරිත්ලෙස.

V.

Vegetable, එලවලු.
Verb, ක්‍රියාපදය.
Very, බොහෝ.
Village, ගම.
Visit, දකින්ට යනවා.
Voice, කටහඬ.
Vowel, ප්‍රාණාක්ෂරය

W.

Wait, බලාපොරොත්තුවෙනවා
Walk, ඇවිදිනවා, සක්මන් කරණවා, සක්මණ.
Wall, භිත්තිය, තාප්පේ.
Want, ඕනෑකරණවා.
Wash, සෝදනවා.
Watch, ඔර්ලෝසුව.
We, අපි.
Weak, දුර්වලවූ.
Wedding, මංගල්‍යප්‍රස්තාව.
Week, සතිය,
Well, ළිඳ.
Well, හොඳට, සනීපෙන්.
West, බස්නාහිර.
What, මොකද.
When, කල්හි, විට.
When, කවදද.
Where, කොතැනද.
Which, කොයි, කොයිඑකද.
White, සුදු.
Whitewash, සුදුහුණුගාණවා.
Whole, මුලු.
Wicked, දුෂ්ට.
Wife, භාර්යාව.
Willingly, කැමැත්තෙන්.
Wind, සුලඟ.
Window, කවුළුව, ජනේලේ..
Wing, පියාපත.
Wise, ප්‍රඥාවන්ත.
Wish, කැමතිවෙනවා.
Within, ඇතුළේ.
Woman, ස්ත්‍රී.
Word, වචනය.
Work, වැඩේ.
World, ලෝකය.
Worm, පණුවා.

W

Worse, වඩානරක.
Write, ලියනවා.
Wrong, වරද.

Y.

Yellow, කහපාට.
Yes, ඔව්.
Yesterday, ඊයේ.
Yet, තවම.
Young, තරුණ.
Youth, තරුණයා.

SINHALESE-ENGLISH VOCABULARY.

අ.

අකුර, letter.
අගල, canal, ditch.
අඟ, horn.
අඟල, inch.
අට, eight.
අඩංගුවෙනවා, to contain.
අඩත්තේට්ටම් කරණවා, to assault.
අඩි, foot.
අඩු, less.
අඬගසනවා, call.
අත, hand.
අතර, during.
අතරෙහි, between, among.
අතීත, past.
අත්අරිණවා, omit.
අත්හැරයනවා, to leave.
අත්ත, branch.
අද, to-day.
අඳුරු, dark.
අනතුර, danger
අනිත්, the other.
අනිද්ද, the day after to-morrow.
අනුකම්පාකරණවා, pity.
අනුමාන, uncertain.
අනුමානය, doubt.
අනූව, ninety.
අන්ධයා, blindman.
අන්නාසි, pine-apple.
අපරාධය, crime.
අපි, we.
අපූර්, strange.
අපේ, our.

අ.

අඹ, mango.
අභිප්‍රාය, reason.
අභිප්‍රාකරණවා, intend.
අමරණීයවූ, immortal.
අමාරුවූ, difficult.
අමාරුවෙන්, hardly.
අයිති, belonging to.
අරිණවා, to open, send.
අරවා, those.
අර්තාපල්, potatoes.
අලසවූ, lazy.
අලාභවූ, costly.
අලාභය, loss.
අලුත්, new, fresh.
අලුත්වැඩියාකරණවා, to repair.
අල්ලනවා, catch, to seize.
අල්පෙනෙත්ත, pin.
අල්මාරිය, almirah.
අවසරය, permission.
අවතාරය, ghost.
අවසර දෙනවා, to permit.
අවිශ්වාසකරණවා, disbelieve.
අශ්වයා, horse.
අසනීපවූ, ill.
අසල්වාසියා, neighbour.
අසීරුව, difficulty.
අසීරුවූ, difficult.
අසූව, eighty.
අහක, away, off.
අහනවා, ask, hear.
අහම්බය, accident.
අහස, the sky.
ආහාර, food.

ආ.

ආකාරය, the manner.
ආකාශය, the sky.
ආඥකරණවා, to order.
ආඥාව, commandment.
ආචාරියා a blacksmith.
ආච්චි, grandmother.
ආපසු එනවා, to return.

ඇ.

ඇඟිල්ල, a finger.
ඇතා, an elephant.
ඇතුළ, within.
ඇතුල්වෙනවා, to enter.
ඇදනැති, straight.
ඇඳ, a bed.
ඇඳුම්, clothes, garment.
ඇණය, a nail.
ඇර, except.
ඇසළමස, July.
ඇස, an eye.
ඇහුම්කන්දෙනවා, to listen.

ඈ.

ඈ, she.

ඉ.

ඉක්මන්වූ, quick.
ඉගෙණගන්නවා, to study, to learn.
ඉගෙණගැණීම, education.
ඉගැන්වීම, instruction.
ඉටිපන්දම, a candle.
ඉඩම, place.
ඉතා, most.
ඉතා හොඳ, best
ඉඳිකටුව, needle.
ඉදිරිපිට, in the presence of.
ඉදිරිපිට නොසිටීම, absence.
ඉදිරිපිට නැති, absent.

ඉ.

ඉරණවා, to tear.
ඉරිද. Sunday.
ඉල්මස, November.
ඉල්ලුම් පත්‍රය, petition.
ඉල්ලුම්කාරයා, petitioner.
ඉවසිල්ලෙන්, patiently.
ඉවුර, bank.
ඉස්සර. ago, before.
ඉස්සරහට, forward.
ස්ථානය, the spot.

ඊ.

ඊළඟ, next.
ඊයම්, lead.
ඊයේ, yesterday.

උ.

උකුස්සා, kite.
උගත්, learned.
උගන්වනවා, to teach.
උඩ, on, up.
උතුරු, north.
උත්තර දෙනවා, to answer.
උත්සාහකරණවා, to attempt.
උදව්වෙනවා, to help.
උණ, fever.
උදේ කෑම, breakfast.
උන්නැහේ, he.
උපකාරකරණවා, to assist.
උපස්ථානකරණවා, to treat.
උඹේ, your.
උමතු, insane.
උෂ්ණ, hot.
උස්වූ, high.
උවමනාදෙය, means.

ඌ.

ඌරා, pig.

ඍ.

ඍතුව, season.

එ.

එක එක, each.
එකතුකරණවා, to add.
එකට, together.
එකල, then.
එකවර, at once.
එක්තරා, certain.
එගොඩවෙනවා, to cross.
එතනින්, thence.
එනවා, to come.
එපාකරණවා, to refuse.
එලදෙන, a cow.
එලවළු, vegetable.
එළුවා, a goat.
එවනවා, to send.
එවේලේම, immediately.

ඒ.

ඒක, that.
ඒත්තුගන්නවා, acknowledge.
ඒවා, they, those.

ඔ.

ඔරලෝසුව, a clock, a watch.
ඔරුව, a boat.
ඔය, that.
ඔවුන්, them.
ඔව්හු, they.
ඔව්, yes.

ඕ.

ඕක, that.
ඕනෑ, must.
ඕනෑකරණවා, want, require.
ඕලන්දක්කාරයෝ, the Dutch.

ක.

කකියනවා, to ache.
කඩනවා, to break.
කඩදාසි, paper.
කඩිනමින්, soon.
කනගාටුව, sorrow.
කණ්ඩායම, party.
කන්ද, a mountain.
කනවා, to eat.
කන්තෝරුව, office.
කථාකරණවා, to speak.
කදිම, nice.
කපනවා, cut.
කපුටා, a crow.
කබාය, a coat.
කම්මැලි, idle.
කරණවා, to commit, to do.
කර්තෘකාරක, active.
කර්මකාරක, passive.
කලවන්කරණවා, to mix.
කලින්, beforehand.
කලිසන්, trousers.
කළු, black.
කල්ක්‍රියාව, conduct.
කල්පනාකරණවා, to consider, to intend, to suppose.
කල්පනාව, thought.
කවදද, when.
කවදාවත් නැහැ, never.
කවුළුව, a window.
කහපාට, yellow.

කා.

කාමරය, a room.
කාරණාව, affair.
කාලය. time, tense.
කාවාටී, an oyster.
කාව්‍යය, a poem.
කාව්‍ය කර්තෘ, poet.

කැ.

කැඩපත, looking-glass.
කැඩුනාවූ, broken.
කැත, dirty.
කැමැත්ත, consent.
කැමැත්තෙන්, willingly.
කැමැතිවෙනවා, to consent, to like.
කැලෑව, jungle.

කෑ.

කෑල්ල, a piece.

කි.

කිකිළී, a hen..
කිට්ටු, near.
කිට්ටුකරණවා, overtake.
කිඹුලා, crocodile.
කියනවා, to say, to tell.
කියවනවා, to read.
කිරි, milk.
කිලුටු, dirty.
කිසිවෙක්, anybody.
කිසිත් නැහැ, nothing.
කිසිදෙයක්, something.

කී.

කීකරුවූ, obedient.
කීකරුවෙනවා, to obey.
කීයක්ද, how many.

කු.

කුකුලා, fowl, a cock.
කුඹුර, field.
කුනාටුව, storm.
කුරුඳු, cinnamon.
කුලල, neck.
කුලීකාරයා, cooly.
කුහුඹියා, an ant.
කුස්සිය, kitchen.

කූ.

කූට්ටම, a pair.

කූ.

කූඩේ, a basket.
කූඩුව, a nest.

කෘ.

කෘතෝපකාර නොසලකණ, ungrateful.

කෙ.

කෙරෙන්, from.
කෙළවර, end
කෙසේද, how.

කො.

කොට, short.
කොටස, a portion.
කොටළුවා, an ass.
කොණ end.
කොතැනද, where.
කොපිය, a copy.
කොපමණ, how much
කොරවූ, lame.
කොයි, which.
කොයිඑකද, which one (thing).
කොළඹ, Colombo.
කොල්ලා, lad.
කොස්ස, brush.

කෝ.

කෝකියා, cook.

කෞ.

කෞතුකාගාරය, museum.

ක්‍රි.

ක්‍රියාකරණවා, to act.
ක්‍රියාව, action.
ක්‍රියාපදය, the verb.

ග.

ගඟ, a river.
ගඩොල්, bricks.
ගණන, number.
ගන්නවා, take.

ග.

ගවයෝ, cattle.
ගමන, journey.
ගසණවා, beat, strike.
ගහගන්නවා, fight.

ගැ.

ගැණ, about.
ගැඹුරු, deep.
ගැලවෙනවා, escape.
ගැලවිල්ල, escape.

ගෑ.

ගෑණුලමයා, a girl.

ගු.

ගුණධර්මයෙන්දියුණුවූ, civilized.

ගෙ.

ගෙදර, home.
ගෙණයනවා, carry, lead.
ගෙණෙනවා, to bring.
ගෙවනවා, to pay.

ගේ.

ගේ, house

ගො.

ගොඩනගණවා, to build
ගොඩැල්ල, a hillock.
ගොණ, buil.
ගොයම් කපනවා, to reap.

ගෝ.

ගෝව , cabbage.

ඝො.

ඝොෂ වෙන්, loud.

ච.

චන්ද්‍රයා, moon.

ජ.

ජනේලය, a window.

ජී.

ජීවිතය, life.
ජීවත්වෙනවා, to live.

ත.

තණකොල, grass.
තත්පරය, a second.
තදබල, severe.
තනිව, alone.
තපල්කන්තෝරුව, Post Office.
තම්බනවා, to boil.
තලනවා, to flog.
තරබු, fat.
තරහකරණවා, to provoke.
තවම, still, yet.
තරුණ, young.
තරුණයා. youth.

තා.

තාගේ, thy.
තාරකාව, තරුව, star.
තාප්පේ, wall.

ති.

තිබාගන්නවා, to keep.
තිබුනා, had.
තිබෙනවා, have.

තී.

තීන්ත, ink.
තීන්දුකරණවා, to finish.

තු.

තුණ, three.
තුරු, till.
තුළ, in.
තුවක්කුව, gun.

තෙ.

තෙල්, oil

තේ.

තේ, tea.
තේරෙණවා, to understand.

තො.

තොප්පිය, a hat.

තෝ.

තෝ, you, thou.

තෝරණවා, explain.

තෑ.

තෑග්ග, reward, prize.

ද.

දකින්වයනවා, to visit.

දකුණ, south.

දක්කනවා, drive.

දක්වා, till.

දඟලනවා, to struggle.

දඬුවම, punishment.

දඬුවම්කරණවා, to punish.

දත්, teeth.

දනගහනවා, to kneel.

දනු[illegible]ැතිකම, advice.

දන්වනවා, to inform.

දබරය, a fight.

දබරකරණවා, to fight.

දර, firewood.

දරණවා, to undergo.

දවස්පතා, daily.

දවස, day.

දවාල, noon.

දශලක්ෂය, million.

දහය, ten.

දහසය, sixteen.

දහස, thousand.

දැ.

දැන්ම, just now.

දැන්, now.

දි.

දික්වූ. long.

දිග, length.

දිගේ, along.

දිවියා, tiger.

දියුණුවෙනවා, progress.

දියුණුව, progress.

දු.

දුක්පත්, poor.

දුර, far, distant.

දුර්වල, weak.

දුවනවා, to run.

දූ.

දූ, daughter.

දෙ.

දෙවමාළිගාව, temple.

දෙකම, both.

දෙය, thing.

දෙවදූතයා, an angel.

දෙවියෝ, a god.

දෙශනාකරණවා, to preach.

දෙනවා, to give.

දො.

දොරටුව, gate.

දොර, door.

දොළහ, twelve.

දොෂය, mistake, fault.

ද්‍ර.

ද්‍රව්‍ය, thing.

ධ.

ධනවන්ත, rich.

න.

නඩුකාරයා, judge.

නඩුව, case.

නම්, if.

නරක, bad.

නරකට, badly.

නරක්කරණවා, to spoil.

නරියා, fox.

නම, name.

නවය, nine.

නවතිනවා, to remain.

නවාතැන්ගන්නවා, to take lodgings.

නවත්වනවා, stop,

නා.

නාකි, old.

නානවා, to bathe.

නාමවචනය, noun.

නාසය, nose.

නැ.

නැගිටිනවා, rise.

නැගෙණහිර, east.

නැතකියනවා, to deny.

නැතිකරණවා, to lose.

නැතිවීම, loss.

නැහැ, no, not.

නැව, ship.

නැවත, again.

නෑ.

නෑයා, relative.

නි.

නිතර, always.

නිදාගන්නවා, to sleep.

නිදොස්කරණවා, acquit.

නිදෝෂ, innocent.

නිපාතය, an indeclinable particle.

නියපොත්ත, nail.

නිවාඩු දවස්, holidays.

නියම්කරණවා, fix.

නිරාහාරවඉන්නවා, to starve.

නිල්, blue

නිලය, office.

නිසැකව, undoubtedly.

නිසා, as, because, for.

නිසිආකාර, duly.

නිශ්චලවූ, quiet.

නිශ්ශබ්දවූ, silent.

නු.

නුපුළුවන්වූ, impossible.

නුමුත්, though.

නු.

නුරුස්සනවා, to hate.

නුවර, town, city.

නුහුගුණ, insane.

නූ.

නූල, thread.

නෙ.

නෙලනවා, to pluck.

නො.

නොපැමිනසිටිනවා, absent.

නොහොත්, or.

නොදත්, unacquainted.

ප.

පක්ෂියා, a bird.

පත්කරණවා, to appoint.

පටන්ගැන්ම, the beginning.

පදිංචිවෙනවා, to inhabit.

පදිංචිකාරයා, an inhabitant.

පඳුර, a bush.

පනාව, a comb.

පනික්කියා, a barber.

පණුවා, a worm.

පමණ, about, only.

පරවියා, a pigeon.

පරවෙනවා, to fade.

පරණ, old.

පල්ලිය, a church.

පලාත, a district.

පස්වරු, atfernoon.

පසුකරණවා, to pass.

පසුවූ, past.

පසුව, after, afterwards.

පස්සේ, afterwards, after.

පළමු, former.

පළමුවෙනි, first.

පසුවයනවා, to follow.

පහසු, easy.

ප.

පහසුගන්නවා, to take rest.
පහසුවෙන්, easily.
පහත්, low.

පා.

පාන්කාරයා, baker.
පාගණවා, to tread.
පාඨශාලාව, school.
පාත්ති, a goose.
පාන්, bread.
පාන්ගෙඩිය, loaf.
පාන, lamp.
පාර, a road.
පාලම, bridge.

පැ.

පැදුර, a mat.
පැන්සලේ, a pencil.
පැලෑටිය, a plant.
පැනවදිනවා, to rush.
පැහිච්ච, ripe.
පැලවෙනවා, to grow.
පැමිණෙනවා, to arrive.
පැස්බරා, ostrich.
පැනිදොඩම්, orange.
පැය, an hour.

පෑ.

පෑන, pen.

පි.

පිඟාන, a plate.
පින්තූරය, a picture.
පිට, page, on.
පිටත, out.
පිටත්වෙනවා, to depart.
පිට්ටනිය, a meadow.
පිළිවෙළ, order.
පිහියේ, a knife.
පිස්සු, insane, mad.

පි.

පිදුරු, straw.
පිහාටු පෑන, a quill.
පිළිගන්නවා, to accept.
පිරිසිදුවූ; clean.
පිබිදෙනවා, to awaken.
පිටදමනවා, to expel.
පියා, father.
පියාසරකරණවා, to fly.
පියාපත, wing.

පී.

පීනනවා, to swim.

පු.

පුංචි, small.
පුත්‍රයා, a son.
පුරාණ, ancient.
පුළුවන්, able, can.
පුලුස්සනවා, to burn.
පුටුව, a chair.
පුවක්, arecanut.
පුහුණුකරණවා, to improve.

පූ.

පූර්වදිග, the east.

පෘ.

පෘථිවිය, the earth.

පෙ.

පෙන්වනවා, to show.
පෙනහල්ල, lungs.
පෙදරේරුවා, a mason.
පෙණෙනවා, to appear.
පෙට්ටිය, a box.
පෙරවරු, forenoon.
පෙරළීම, translation.
පෙරෙරසිද, the day before yesterday.

පො.

පොත්ගුල, a book depôt.
පොට්ටනිය, a parcel.
පොල්, cocoanut.
පොරොන්දුවෙනවා, to promise.
පොසොන්මස, June—July.
පොදිය, bundle.
පොළව, the ground.
පොත, a book.
පොළඹනවා, to tempt.

ප්‍ර.

ප්‍රමාදවූ, late.
ප්‍රධාන, chief.
ප්‍රංගිකාරයෝ, the Portuguese.
ප්‍රත්‍යුත්තරය, reply.
ප්‍රසිඬ, public, famous.
ප්‍රමාණය, proportion.
ප්‍රවේසම්වූ, safe.
ප්‍රසන්නවූ, satisfactory.
ප්‍රමාදවෙනවා, to delay.
ප්‍රකාර, as.
ප්‍රවෘත්තිය, an account.
ප්‍රඥාවන්ත, wise.

ප්‍රා.

ප්‍රාණාක්ෂරය, a vowel.

ප්‍රි.

ප්‍රිය, dear, fond.

ඵ.

ඵලය, fruit.

බ.

බන්කුව, bench.
බක්මස, April—May.
බරවූ, heavy.
බරපතළ, hard.
බලනවා, to look.
බළලා, a cat.
බලා පොරොත්තු වෙනවා, to expect, to wait.

බ.

බල්ලා, dog.
බස්නාහිර, west.
බහු, plural.

බා.

බාප්පා, uncle.
බාරගන්නවා, to receive.

බැ.

බැහැ, cannot.

බෑ.

බෑනා, nephew.

බි.

බිත්තරය, an egg.
බිම, land.
බිසව, queen.

බී.

බීලා, drunk.

බු.

බුත්තිවිඳිනවා, to occupy.
බුදුහු, Buddha.
බුරණවා, to bark.
බුරුමය, an awl.

බූ.

බූරුවා, a donkey.

බො.

බොනවා, to drink.
බොරුවූ, false.
බෝරුව, a lie.
බොහෝවිට, frequently, often.
බොහෝ, very, much.
බොහෝසේ, too.

බෝ.

බෝතලය, a bottle.
බෝලය, a ball.

භ.

භය, fear.
භයවූ, afraid.
භයගන්වනවා, frighten.

හා.

හාරගැනීම, admission.
භාය්‍යාව, wife.
භාවක්‍රියාව, gerund.

හි.

භිත්තිය, wall.

භූ.

භූමිය, ground.

ම.

මංගල්‍යප්‍රස්තාව, wedding.
මක්නිසාද, for.
මතකතිබෙනවා, remember.
මතු, future.
මත්ස්‍යයා, a fish.
මධ්‍යය, centre.
මනුෂ්‍යයා, a man.
මනාපකරණවා. to induce.
මම, I.
මරණය, death.
මරණවා, to kill.
මල, a flower.
මල්ල, a bag.
මළකඳ, corpse, carcass.
මවු, mother.
මවුපියෝ, parents.
මස්, meat.
මහලේකම්තැන, Colonial Secretary.
මහනවා, to sew.
මහනුවර, Kandy.
මහත්මයානනි, sir.
මහත්මයා, a gentleman.
මහත්, ලොකු, great.

මැ.

මැඩියා, a frog.
මැදින්දින, March—April.
මැදින්, through.

මැ.

මැරුණවු, dead.
මැරෙණවා, to die.
මැස්සා, a fly.
මැසිමස, May.

මා.

මාගේ, mine.
මාමා, uncle.
මාසය, month.
මාර්ගය, route.
මාරුකරණවා, to dismiss.

මි.

මිත්‍රයා, a friend.
මිනිස්සු, men.
මිනීමැරීම, murder.
මිස, except, unless.
මිශ්‍ර, compound.
මිල, money.
මිලේට ගන්නවා, to buy, to purchase.
මිහිරි, sweet.

මී.

මීයා, a rat.
මීපැනි, honey.

මු.

මුදුන, top.
මූල, root.
මුළු, whole.
මුහුණ, face.
මුවාත්, sharp.
මුහුද, sea.
මුලාදෑනියා, an officer.

මෙ.

මෙහි, here.
මෙසේ, thus, so.
මෙබඳු, such.

මෙ.

මේක, this.
මේ, this, these.
මේවා, these.
මේසේ, a table.
මේස්, socks.

මො.

මොකද, what.

මෝ.

මෝඩවූ, foolish.
මෝඩයා, a fool.

ය.

යකඩ, iron.
යට, under.
යතුර, a key.
යටත්වෙනවා, to submit.
යනවා, to go.
යම්, any.

යු.

යුඩකරණවා, to fight.
යුඩය, a fight.

යො.

යොග්‍යවූ, suitable.

ර.

රජ්ජුරුවෝ, a king.
රත්රන්, gold.
රතු, red.
රහස, a mystery, a secret.

රා.

රාජාලියා, an eagle.
රාත්තල, a pound.
රාත්‍රිය, a night.

රැ.

රැස්වෙනවා, to gather.

රි.

රිදවනවා, to injure
රිදී, silver.

රු.

රුජාව, an ache.

රූ.

රූපය, figure.

රෞ.

රෞද්‍ර, fierce.

ල.

ලක්‍ෂණ, beautiful, pretty.
ලකුණ, a sign.
ලඟ, near.
ලඟාවෙනවා, to approach.
ලබන, next.
ලබාගන්නවා, to obtain, to get.
ලබනවා, receive.
ලමයා, a child, a boy.
ලමාඑතනි, a lady.
ලවා, through, by.

ලා.

ලාභය, profit.
ලාභවූ, cheap.

ලි.

ලිද, well.
ලියමන, a letter.
ලියනවා, to write.

ලු.

ලුණු, salt.
ලුහුබැඳයනවා, to pursue.

ලෙ.

ලෙඩවූ, sick.

ලො.

ලොකු, big.
ලොම්, hair.
ලොකය, the world.

ව.

වප්මස, October.
වත්කරණවා, to pour.
වචනය, a word.

ව.

වටකුරු, round.
වටේට, around.
වඩානරක, worse.
වඩාදුර, farther.
වඩුවා, carpenter.
වත්, either, or.
වත්ත, garden.
වදදෙනවා, to torture.
වපුරණවා, to sow.
වයස, age.
වරද, fault.
වරදවූ, wrong.
වරද කියාදෙනවා, to confess.
වැස්ස, rain.
වල්ගය, a tail.
වළ, a pit.
වස්සා, a calf.
වහිනවා, to rain.

ව්‍යා.

ව්‍යවහාරකරණවා, to use.

වා.

වාගේ, as.
වාඩිවෙනවා, to sit.
වාදකරණවා, to dispute.
වානේ, steel.
වාකගම, a sentence.
වාසයකරණවා, to live.

වැ.

වැඩට පත්කරණවා, to employ.
වැඩිවූ, more.
වැඩිකොට, generally.
වැඩිමහල්, elder.
වැඩ, work, business, undertaking.
වැඩකාරයා, a servant.
වැට, a fence.

වැ.

වැටෙනවා, to fall.
වැව, tank.

වි.

විඳිනවා, to suffer.
විනාසකරණවා, to destroy.
විනාඩිය, minute.
විනිශ්චයකාරයා, a judge.
විභාගවාරය, session.
විභාගකරණවා, to investigate.
වියදම, an expense.
වියදම්කරණවා, to spend.
විසින්, by.
විරුඩව, against.
විසුරුවනවා, to scatter.
විසාලවූ, large.
විශෙෂණ, an attributive.
විශ්වාසකරණවා, to believe.
විහිළුවූ, curious.

වී.

වී, paddy.
වීදුරුව, glass.
වීථිය, a street.
වීසිකරණවා, to throw.

වෘ.

වෘක්ෂය, a tree.

වෙ.

වෙද, doctor.
වෙඩරු, butter.
වෙනවා, to become.
වෙන, another.
වෙනස්කරණවා, to alter.
වෙහෙසකරණවා. to tire.

වේ.

වේලාසන, early.

ව්‍යා.

ව්‍යාකරණ, grammar.

ස්ත්‍රී.

ස්ත්‍රී, a woman.

ස.

සක්මන්කරණවා, to walk.
සටණය, an action.
සත්වයා, an animal, creature.
සතුරා, enemy.
සතුටින්, gladly.
සතුටුවෙනවා, to contend.
සතිය, week.
සදාකල්, ever.
සපත්තු, shoes.
සබන්, soap.
සභාව, a council.
සමගයනවා, to accompany.
සමත්, clever.
සමහරවිට, perhaps, sometimes.
සමනල කන්ද, Adam's Peak.
සමහර, some.
සමාන, alike, equal.
සමාගම, company.
සමුද්‍රය, an ocean.
සම්බවෙනවා, to meet, to find out.
සම්මුඛවෙනවා, to meet.
සම්පූර්ණයෙන්, quite.
සම්පූර්ණ කරණවා, complete.
සලස්වනවා, to cause.
සලකුණ, a mark.
සරුංගෝලේ, a kite.
සවස, evening.
සවස්භාගය, afternoon.
සවි, strong.
සහමුලින්, altogether.
සහෝදරයා, a brother.
සහෝදරී, a sister.

සා.

සාදනවා, to make.
සාප්පුකාරයා, shop-keeper.
සාප්පුව, a shop.
සාමාන්‍යලෙස, generally.
සාරවත්, fertile.

සැ.

සැබෑව, truth.
සැබෑවූ, true, certain.
සැතැප්මය, a mile.
සැපවත්, happy.

සෑ.

සෑම, every.
සෑමතැනම, everywhere.
සෑහෙණතරම්, enough.

සි.

සිංහයා, a lion.
සිතියම, a map.
සිදුර, a hole.
සිදුවෙනවා, to take place.
සිරිත්ලෙස, usually.
සියලු, all.

සී.

සීනුව, a bell.
සීනි, sugar.
සීයා, grandfather.

සු.

සුදු, white.
සුදුහුණුගාණවා, to white-wash.
සුවවෙනවා, to recover.
සුලඟ, wind.
සුනංගුවූ, slow.

සූ.

සූදනම්කරණවා, to prepare.

සෙ.

සෙනසුරාදා, Saturday.
සෙමින්, slowly.

සෙ.

සෙල්ලම්කරණවා, to play.
සෙවන, shadow, shade.

සේ.

සේවයකරණවා, to attend.

සො.

සොරකම්කරණවා, to steal.
සොරා, a thief.
සොයනවා, to search.

සෝ.

සෝදිසිකරණවා, to enquire, to examine, to try.

ස්වා.

ස්වාමියා, master.
ස්වාමිපුරුෂයා, a husband.

ශ.

ශක්තිසම්පන්න, strong
ශතය, a cent.
ශරීරය, body.
ශබ්දය, sound.

ශු.

ශුබවූ, holy.

හ.

හපාකනවා, to bite.
හරකා, an ox.
හත, seven.
හරහට, across.
හරක්මස්, beef.
හරිලෙස, correctly.
හරිවූ, right.
හයියෙන්, aloud.

හා.

හාත්පස, around.
හානවා, to plough.
හාවා, a hare.

හැ.

හැටිය, the manner.
හැත්තෑව, seventy.
හැන්ද, a spoon.
හැසිරෙණවා, move.
හැඟෙනවා, perceive.

හි.

හිඟවූ, scarce.
හිඟන්නා, a beggar.
හිඟණවා, to beg.
හිත, the mind.
හිටිනවා, stand.
හිරකාරයා, a prisoner.
හිරඅඩස්සිකරණවා, to imprison
හිරගේ, a prison, a jail.
හිසකෙස්, hair.
හිස, the head.
හිංසාකරණවා, tease.
හිවලා, a jackal.
හීලෑවූ, tame.

හු.

හූණා, a lizard.

හෙ.

හෙට, to-morrow.

හො.

හොඬ, the trunk.
හොඳට, well.
හොඳ, good.

Voice.	Present. වත්මන්.						Past. අතු.						Future. අනා.					
	Sing. එක.			Plu. බහු.			Sing. එක.			Plu. බහු.			Sing. එක.			Plu. බහු.		
	1	2	3	1	2	3	1	2	3	1	2	3	1	2	3	1	2	3
Active.—කතුකිරිය.*	වමි—වමි	වහි	වි—වේ—වා	වමු—වමෝ—වම්හ—වම්හු	වහු	වත්—විත්—විති	විමි—විමි—වීමි—විම්	වෙහි	වේ—වි—වී—වූ	වුමු—වුමෝ—වුම්හ—වුම්හු	වහු	වූ—වෝ—වූහ—වූහු	වන්නෙමි—වන්නෙමි	වන්නෙහි	වන්නේ	වන්නමු—වන්නමෝ	වන්නහු	වන්නෝ—වන්නාහු-වනාහු

Imperative Mood. විදිකිරිය.			Benidictive Mood.—ආසිකිරිය.*						Conditional Mood. අසබහව්කිරිය.						Participles.—කිරිය.		Infinitive Mood
Sing. & Plu.			Sing. එක.			Plu. බහු.			Sing. එක.			Plu. බහු.			Present. මුසු	Past. පෙර.	සම්ප්‍රදාන විභක්තිය.
2	3	2	1	2	3	1	2	3	1	2	3	1	2	3			
අ—අන්නේ	ඊ—අන්නෑ	අව්—උ	එම්වා &c.	එහිවා &c.	ඒවා &c.	මෝවා	හුවා (මුවා)	එත්වා	අ—ත &c.	අ—ත &c.	අ—ත &c.	අ—ත &c.	අ—ත &c.	අ—ත &c.	මින් මින මිනි	ඇ ආ ඊ ඉත් ඇලා ආලා ඊලා ඉත්ලා	ත්ට ත්නට

* කම්කිරියට තිබෙන වෙනසකම්—මේ ඉහත දැක්වූ ප්‍රත්‍ය යම් ධාතුවක් සමග එක්ව සිටියකල අතීත කාලවියයෙහි ධාතු ප්‍රත්‍ය මැද නප්‍රත්‍ය සහ අනාගත වර්තමාන දෙකල්හි ධාතුන්ට පිලිපෙරළිද් මාත්‍රාවෘඩියද වීමය්.

එ ආ	ඔ ඹු	අ උ ආ ඹු ට ...	උන් න ආන න් නට අන් ..	අ උ ආ ඹු	උන් න ආන න් අන් ..	ඉන් එන් නොන් නි ඉනි එනි නොනි .	ඉන් එන් නොන් නි ඉනි එනි නොනි .	හට අට උට ආට ඹුට ට ..	අනට උන්ට නට ආනට න්ට අන්ට ..

6. Ablative.		7. Genitive.		8. Locative.		9. Vocative.	
අවදි.		සබඳ		අදර.		අලප්.	
පදඅක් පැවැත්මට හිම්වූයේ අවදිනම්. ——— පදාර්ථයන්ගෙ පැවතීමට සීමාවූයේ අවධිනම්.		සබඳ වෙසෙසණවන උතුන් පිළිබඳ වත්නෙන්. ——— අනෙකනාමයන් ප්‍රතිබද්ධවූ වස්තූන්ගෙන් විශෙෂණය කරණලද වස්තුව සම්බන්ධනම්වෙයි.		කතුකම් බැරි කිරිය දරණුයෙඅදරනම්වේ. ——— කර්තෘවටහෝ කර්මයට හෝ භාරවූ ක්‍රියාව දරණ්නාඃඇත්තෝ ආධාරනම්වෙයි.		එවිසුඅලප්නම් ඇමතුම්නාමා අමුතැරු ——— නාමහට අභිමුඛ කොට ආමන්ත්‍රණය යමක්දඑය ආලපනනාම්යිනිවූ	
S. එක.	P. බහු.	S. එක.	P. බහු.	S. එක.	P. බහු.	S. එක.	P. බ.
ඉන්-එන් නොන්-නි ඉනි-එනි නොනි අගෙන් උගෙන් ආගෙන් ඹුගෙන්	ඉන්-එන් නොන්-නි ඉනි-එනි නොනිඋන්ගෙන් නගෙන් ආනගෙන් න්ගෙන් අන්ගෙන්	හට-අට උට-ආට ඹුට-ට අ-උ ආ-ඹු අගෙ-උගෙ ආගෙ ඹුගෙ	අනට-උන්ට නට-ආනට න්ට-අන්ට උන්-න ආන-න් අන්-උන්ගෙ නගෙ-ආනගෙ න්ගෙ-අන්ගෙ	එහි ඒ හි ඇ	අන්හි	ඇ අ ආ	ඉන් එන් නොන් ඉනි එනි නොනි නි .

By John Pereira.